AF198897

Einstieg in den Online-Unterricht
Videokonferenzen in der Erwachsenenbildung

Martin Schneider

Einstieg in den Online-Unterricht

Videokonferenzen in der Erwachsenenbildung

Bibliografische Information der Deutschen Nationalbibliothek:
Die Deutsche Nationalbibliothek verzeichnet diese
Publikation in der Deutschen Nationalbibliografie; detaillierte
bibliografische Daten sind im Internet über dnb.dnb.de
abrufbar.

© 2020 Martin Schneider

Herstellung und Verlag: BoD – Books on Demand,
Norderstedt

ISBN: 9783750498945

Inhaltsverzeichnis

1   Zur Einführung

1.1   Die gestiegene Bedeutung von Online-Unterricht

Räumliche Distanzierung und Veranstaltungsverbote gehören zu den Maßnahmen, mit denen die Covid-19-Pandemie bekämpft wurde und wird. Sie führten in Deutschland und vielen anderen Ländern im Frühjahr 2020 zur massiven Einschränkung des öffentlichen Lebens. Auch Schulen, Universitäten und Einrichtungen der Erwachsenenbildung konnten von einem Tag auf den anderen ihren klassischen Präsenzunterricht nicht mehr durchführen. Denn bei diesem befinden sich Lehrkraft und Lernende zur Unterrichtszeit am gleichen Ort, etwa in einem Klassenzimmer oder Seminarraum. Die Pflicht zur Einhaltung eines Mindestabstandes von 1,5 Metern zwischen den Anwesenden oder zum Tragen einer Mund-Nasen-Bedeckung spielt dabei normalerweise keine Rolle. Doch aus Gründen des Infektionsschutzes war nun alles anders.

Schulen sowie Lehrkräfte standen nach Unterbrechung des Präsenzbetriebs vor der immensen Herausforderung, den Unterricht trotzdem weiterzuführen, um dem Bildungsauftrag nachzukommen. Dabei wurden Lernplattformen, Lernsoftware und Lernvideos eingesetzt. [1]

Ebenso haben Videokonferenzsysteme stark an Bedeutung gewonnen. Durch sie sind die Lehrkraft und die Lernenden ausschließlich über das Internet miteinander verbunden und befinden sich in einem virtuellen Unterrichtsraum. Tatsächlich befinden sie sich zur Unterrichtszeit aber an völlig verschiedenen Orten (beispielsweise in der eigenen Wohnung). Kameras und Mikrofone ihrer Endgeräte wie Laptops, Tabletcomputer oder Smartphones senden Video- und Audiodaten, die über das System für alle sicht- und hörbar sind. Die Lehrkraft besitzt Moderatorenrechte, über die sie die Veranstaltung beginnen und beenden, Teilnehmende in den Unterrichtsraum eintreten lassen, die im Unterricht zum Einsatz kommende Medien bestimmen oder Rederechte zuweisen kann.

Doch der Umstieg auf Online-Unterricht verlief nicht immer erfolgreich, sondern zeigt großen Handlungsbedarf. Die Auswertung einer Befragung von 1.000 Eltern schulpflichtiger Kinder durch das Münchener Ifo-Institut für Wirtschaftsforschung im Sommer 2020 besagt, dass Schulausfall und Homeschooling durch die Eltern die Bildungsungleichheit entlang der sozialen Herkunft, sowie der Leistungsstärke der Kinder verstärkt haben dürfte. [2] Eltern standen nicht selten unter einer Doppelbelastung, sofern sie in der Krise zugleich selber im Homeoffice gearbeitet haben.

Allerdings scheint die Situation auch ein Bewusstsein für neue Unterrichtsformate erzeugt zu haben. Denn eine Mehrheit von 79% sprach sich bei Schulschließungen für eine Pflicht zum Online-Unterricht aus. [3] Zur tatsächlichen Situation gaben immerhin 57% der Befragten an, dass die Schülerinnen und Schüler über Videoanruf oder Telefon seltener als einmal wöchentlich gemeinsamen Unterricht im Klassenverband gehabt hätten. Dass die Kinder niemals gemeinsamen Unterricht gehabt hätten, sagten sogar 45%. [4]

Die Ursachen für Schwierigkeiten sind vielfältig. Auf einige weist der Erziehungswissenschaftler Aladin El-Mafaalani hin, wenn er zu bedenken gibt, dass die Umstellung leichter erfolgt wäre, wenn sowohl Lehrkräfte als auch Schülerinnen und Schüler schon vor der Pandemie digitale Medien in der Schule gemeinsam genutzt hätten. [5] Ebenso seien die heimischen Arbeitsbedingungen der Kinder für die Lehrkräfte unklar gewesen: zum Beispiel die Frage, ob überhaupt ein Laptop oder ein eigenes Zimmer als Lernort zur Verfügung steht. [6] Hinzu kommt die Frage nach der Datenschutzkonformität von Videokonferenzsystemen. [7]

Zur Errichtung eines krisensicheren Bildungssystems wendet sich die Nationale Akademie der Naturforscher Leopoldina in einer Stellungnahme vom 5. August 2020 an die Verantwortlichen in Bund und Ländern: Sie empfiehlt, allen Lehrkräften den Zugang zu datenschutzrechtlich geprüften Lernplattformen und Videokonferenzsystemen zu ermöglichen. Ebenso sollen Schülerinnen und Schüler ein digitales Endgerät zur Verfügung gestellt bekommen sowie Weiterbildungen für die pädagogischen Fachkräfte durchgeführt werden. [8]

Die bereits zitierte Befragung des Ifo-Instituts bezog sich auch auf Krisen-Maßnahmen in anderen Bildungsbereichen: So sprachen sich 77% der Befragten für Online-Angebote an den Universitäten aus. Die kostenlose Teilnahme an Online-Angeboten der Volkshochschulen befürworteten 75%. [9]

Doch auch die angesprochenen Volkshochschulen und weitere Einrichtungen der Erwachsenenbildung waren massiv von der Covid-19-Krise betroffen. Denn ihre vor allem für den Präsenzbetrieb geplanten Kurse brachen ebenfalls weg, so dass neue Lösungen gesucht wurden. Neben der Fortführung des Bildungsauftrags ging es mitunter um die wirtschaftliche Existenz von Einrichtungen, ihrer Angestellten sowie freiberuflichen Lehrkräfte.

Volkshochschulen durchliefen geradezu einen „Crashkurs" [10] bei der Umstellung auf digitale Angebote. Denn auch hier wurde der Unterricht mittels Videokonferenzen und Mischungen aus Online- und Selbstlernphasen als Lösung entdeckt, um die schwere Zeit zu überbrücken, sich gegenüber einer möglichen zweiten Pandemiewelle sowie insgesamt zukunftssicher und moderner aufzustellen: So schoss die Zahl der Kurse, die über die vhs.cloud als Lernplattform angeboten wurden, zwischen dem 6. Januar und dem 2. Juni 2020 um das Vierfache in die Höhe: Von 5.659 auf 22.766 Kurse. Die Zahl der Kursteilnehmenden verdreifachte sich im gleichen Zeitraum von 142.612 auf 424.361, die Zahl der Lehrkräfte stieg von 8.668 auf 39.262 um das 4,5fache. [11] Im vhs-Lernportal, das die speziellen Schwerpunkte Deutsch als Fremdsprache (DaF), Alphabetisierung und Grundbildung abdeckt, ein ähnliches Bild: Die Zahl der Lernenden stieg zwischen Januar und Mai von 167.308 auf 399.023 auf mehr als das Doppelte. Die Zahl der dort registrierten Lehrkräfte stieg von 4.955 auf 25.916 auf das Fünffache. [12]

Die in kurzer Zeit enorm angestiegenen Zahlen weisen aber auch darauf hin, dass sich viele Institutionen, Lehrkräfte und Lernende – ursprünglich vom Präsenzunterricht kommend – sehr schnell auf ein neues Feld begeben mussten. Neben dem in der vhs.cloud integrierten Videokonferenzsystem Edudip kamen und kommen eine ganze Reihe weiterer Systeme für den Unterricht zum Einsatz: Zu nennen sind Zoom, Skype, Microsoft Teams, GoTo Meeting, Cisco Webex Meetings und andere. [13]

Neben Videokonferenzen wurden zudem Live-Streamings durchgeführt. Dabei wird die Veranstaltung durch eine Kamera, die die Lehrkraft und den physischen Unterrichts- oder Übungsraum zeigt, live auf einen Videokanal im Internet (etwa YouTube) übertragen. Wer bei der Kursanmeldung dessen Zugangsdaten durch den Bildungsanbieter erhalten hat, kann die Veranstaltung mitverfolgen. Das Format bietet sich für Vorträge, Lesungen oder Fitnesskurse an.

Zwar kann und soll Online- den klassischen Präsenzunterricht in der Erwachsenenbildung nicht ersetzen. Doch er kann ihn sinnvoll ergänzen. [14] Allerdings dürfen die neuen Möglichkeiten nicht unkritisch gesehen werden, wie die Diskussion um den Datenschutz und die Datensicherheit bei Videokonferenzsystemen zeigt. [15]

Auch gibt es bei Fortbildungen und bei der technischen Ausstattung Handlungsbedarf. Ähnlich wie bei Schülerinnen und Schülern gilt für die Lernenden der Erwachsenenbildung, dass diejenigen, die entweder keinen stabilen, leistungsfähigen Internetzugang und/ oder kein Endgerät besitzen, am Online-Unterricht gar nicht teilnehmen können. Darunter leiden Bildungs- und Chancengerechtigkeit.

Auf die Notwendigkeit finanzieller Ressourcen und Förderprogramme von Bund, Ländern und Europäischer Union wies der Deutsche Volkshochschul-Verband schon am 5. Dezember 2019 in seinem „Manifest zur digitalen Transformation von Volkshochschulen" hin. [16]

1.2   An wen richtet sich diese Anleitung?

Sowohl Präsenz- als auch Online-Veranstaltungen wie Videokonferenzen müssen professionell geplant und durchgeführt werden. Das betrifft sowohl die thematische Aufbereitung des Inhalts, als auch dessen didaktische Vermittlung, die Einarbeitung in die benutzte Software und die Nachbereitung der Veranstaltung.

Die vorliegende Anleitung möchte Ihnen als Lehrkraft in der Erwachsenenbildung eine Hilfestellung geben,

> ➢ wenn Sie eine Veranstaltung komplett neu als Videokonferenz ausarbeiten,

> ➢ wenn Sie eine Veranstaltung des Präsenzunterrichts auf das Online-Format übertragen wollen.

Haben Sie bereits Veranstaltungsinhalte für den Präsenzunterricht ausgearbeitet, können Sie natürlich auf diese und die damit gesammelten Erfahrungen zurückgreifen. Mehrere Arbeitsschritte sind ähnlich. Das Rad muss also nicht neu erfunden, aber die besonderen Bedingungen des Online-Unterrichts müssen berücksichtigt werden!

Mit den einzelnen Abschnitten dieser Anleitung können Sie sich gezielt vorbereiten. Doch genauso wie im Präsenzunterricht ist es etwas anderes, einen Vortrag zu einem politischen Thema, einen Yoga- oder Französischkurs zu konzipieren und durchzuführen. Daher müssen Sie entscheiden, inwiefern Sie von den einzelnen Abschnitten und den darin gegebenen Hinweisen für Ihren speziellen Kurs Gebrauch machen.

Da die Bandbreite der Kurse sehr groß ist, sind Kreativität, Offenheit für neue Wege, aber vor allem auch Augenmaß im Hinblick auf das neue Veranstaltungsformat und die Bedürfnisse der Teilnehmenden gefragt. Vortragsveranstaltungen können in der Regel gut als Videokonferenz umgesetzt werden. Andere Formate erscheinen schwieriger.

Vielleicht erscheinen auch Ihnen bestimmte Kurse oder Kursinhalte nicht für den Online-Unterricht geeignet? Auch der Autor behauptet nicht, dass alle Kurse aus dem Präsenz- ohne weiteres auf den Onlinebetrieb umgestellt werden können. Sicher lässt sich das Urteil in einem bestimmten Fall jedoch erst treffen, wenn bereits an einem Onlinekonzept gearbeitet worden ist und vielleicht schon praktische Erfahrungen vorliegen.

1.3 Zur Konzeption der Anleitung

Zunächst erfolgt eine Einführung in die Gemeinsamkeiten und Unterschiede zwischen dem Präsenz- und Onlineformat, sowie in die an den Onlinebetrieb angepassten didaktischen Grundlagen. Der Weg der Darstellung führt dabei von der Präsenz- zur Onlineveranstaltung. Die anschließenden Kapitel behandeln die Phasen der Vorbereitung und Durchführung von Online-Kursen als Videokonferenz.

Es folgt der Abschnitt „Troubleshooting" mit Tipps zur Lösung häufig auftretender Probleme. Weiterführende Informationsquellen zu den Themen Online-Unterricht und Videokonferenz bietet das Literaturverzeichnis.

Funktionelle Unterschiede zwischen den zum Einsatz kommenden Lernplattformen und Videokonferenzsystemen hängen nicht nur von den Produkten, sondern auch von den jeweiligen Lizenzen ab. Diese Anleitung ist daher allgemein gehalten und geht nicht auf die technischen Details spezieller Systeme ein. Zur Vorbereitung ist es unerlässlich, dass Sie sich im Vorfeld mit den Funktionen der einzusetzenden Software vertraut machen. Wenn Sie sich einarbeiten oder bereits Online-Unterricht gehalten haben, werden Sie merken, dass Ihre Erfahrung und Sicherheit im Umgang mit dem neuen Format wachsen.

2 Online- und Präsenzunterricht

2.1 Gemeinsamkeiten

Online- und Präsenzveranstaltungen besitzen eine Reihe von Gemeinsamkeiten:

> ➤ *Keine Garantie für Erfolg und Qualität:* Grundsätzlich handelt es sich bei beiden Veranstaltungsformaten nur um zwei unterschiedliche Rahmen, innerhalb derer Lerninhalte vermittelt werden. Das Format alleine garantiert aber noch lange nicht Qualität und Erfolg der Lehre! [17] Denn diese hängen in beiden Fällen von einer Reihe weiterer Faktoren ab: Dazu zählt die Kompetenz der Lehrkraft, das Engagement der Teilnehmenden, die vermittelten Inhalte, die eingesetzten didaktischen Methoden und die Lernatmosphäre.

> ➤ *Individualität der Teilnehmenden:* Sie müssen sich bewusst sein, dass Ihre Teilneh-

menden sowohl im Online- als auch im Präsenzunterricht unterschiedliche Lebensläufe und Lernerfahrungen besitzen, unterschiedliche thematische Vorkenntnisse mitbringen und mit verschiedenen Erwartungen an der Veranstaltung teilnehmen (können). In Sprach- und Integrationskursen kann dies die vorhandenen Sprach- und Alphabetisierungskenntnisse betreffen. Das heißt, die Gruppe der Lernenden ist nicht immer homogen, sondern kann sehr heterogen zusammengesetzt sein. Ebenso lassen sich die Teilnehmenden verschiedenen Lerntypen zuordnen.

➢ *Wichtigkeit der Lernatmosphäre:* Sie wird in beiden Formaten wesentlich beeinflusst von der Interaktion zwischen der Lehrkraft und den Teilnehmenden, sowie von der Arbeitsumgebung, also dem Unterrichtsraum und den darin befindlichen Hilfsmitteln. Physische und virtuelle Räume bieten immer auch Ablenkungsmöglichkeiten, auf die Sie beim Unterricht achten müssen.

➢ *Wichtigkeit der Sprache:* Das gesprochene und/ oder geschriebene Wort ist in beiden Formaten das wesentliche Mittel zum Transport von Informationen. Durch Intonation Ihrer Stimme geben Sie Sätzen und Aussagen bestimmte Bedeutungen. Schriftsprache in Aufgabenblättern und Handouts muss klar formuliert sein, um Arbeitsanweisungen und Informationen unmissverständlich weiterzugeben.

➢ *Wichtigkeit der Struktur:* Sowohl der Präsenz- als auch der Online-Unterricht leben von einer klaren inhaltlichen Gliederung. Sie hilft den Teilnehmenden, sich zu orientieren, der Veranstaltung zu folgen, Inhalte zu ordnen und sie gezielt vor- und nachzubereiten.

➢ *Technische Schwierigkeiten:* Ein Grund, weshalb Online-Veranstaltungen bislang unter Akzeptanzproblemen leiden, liegt in der Unsicherheit im Umgang mit der Technik. Bei Videokonferenzsystemen und Lernplattformen kann etwas nicht funktionieren, zudem kann es Unsicherheiten beim Datenschutz und Urheberrecht geben. Wenn Sie allerdings in Präsenzveranstaltungen mit Laptop, Beamer und Internetverbindung arbeiten, werden Sie auch hier die Erfahrung machen, dass nicht immer alles wunschgemäß funktioniert: Computer und Beamer erkennen sich nicht, das Bild des Beamers kann nicht scharf gestellt werden, die Trapezkorrektur lässt sich im Menü des Beamers nicht finden, es kann auf dem Laptop keine Internetverbindung hergestellt werden oder der vorbereitete Lehrfilm lässt sich nur ohne Ton abspielen. Das heißt, technische Schwierigkeiten können in beiden Veranstaltungsformaten auftreten, was die Bedenken gegenüber der Problemanfälligkeit von Online-Veranstaltungen relativiert. Und beim Einsatz von Medien wie Bildern und Filmen müssen in beiden Formaten gleichermaßen Urheberrechtsfragen beachtet werden.

> *Datenschutz:* Die seit Mai 2018 geltende Datenschutz-Grundverordnung (DSGVO) [18] der Europäischen Union stellt auch für Bildungsanbieter und Lehrkräfte die rechtliche Grundlage für den Umgang mit personenbezogenen Daten dar. Alle Ihnen bekannt werdenden Informationen über die Teilnehmenden müssen Ihrerseits absolut vertraulich behandelt werden. Dies gilt natürlich auch für E-Mail-Adressen oder Telefonnummern, die Ihnen für Zwecke des Online-Unterrichts zur Verfügung gestellt werden könnten.

2.2   Unterschiede

Es gibt allerdings auch wesentliche Unterschiede zwischen beiden Veranstaltungsformaten:

> *Soziale Distanz:* Im Gegensatz zur Präsenzveranstaltung ist im Online-Unterricht der persönliche Kontakt zwischen Ihnen als Lehrkraft und den Teilnehmenden sowie unter den Teilnehmenden nicht oder (beispielsweise durch Arbeitsgruppen in Selbstlernphasen) nur eingeschränkt möglich. Wird ein Vortrag in Form einer Videokonferenz durchgeführt, sehen sich alle Beteiligten nur im Videobild und hören sich über die Lautsprecher ihrer Computer. Falls das Videobild aufgrund von Übertragungsschwierigkeiten ausgeschaltet werden muss, gibt es noch nicht einmal visuellen, sondern nur auditiven Kontakt. Wer also einen Kurs etwa in allgemeinbildenden oder kulturellen Fächern

nicht nur aus fachlichem Interesse besucht, sondern ihn auch als Möglichkeit des sozialen Kontakts mit Gleichgesinnten sieht, wird in einer virtuellen Videokonferenz oft keinen ausreichen Ersatz finden. Auch soziales Lernen kann durch digitale Angebote nicht ersetzt werden. [19] Ähnliches gilt für den Online-Schulunterricht mit Kindern und Jugendlichen. [20] Dies ist ebenfalls ein Grund, warum es gegenüber dem Online-Unterricht im Vergleich zur Präsenzveranstaltung Akzeptanzprobleme gibt.

➢ *Unterrichtsraum auf mehreren Ebenen:* Die Lernumgebung einer reinen Online-Veranstaltung besteht nicht nur aus dem Videokonferenzsystem (sowie der eventuell umgebenden Lernplattform) und dem Computer, von dem das System aufgerufen wurde. Zu berücksichtigen sind auch die realen Büros oder privaten Zimmer, aus denen heraus die Lernenden an der Veranstaltung teilnehmen. [21] Hier sind Ablenkungsmöglichkeiten gegeben, auf die Sie als Lehrender im Gegensatz zur Präsenzveranstaltung kaum Einfluss besitzen: So bleibt es Ihnen in der Regel verborgen, welche Programme (wie etwa E-Mail oder privater Chat) parallel zur Videokonferenz am PC der Teilnehmenden laufen. Ebenso kann ein Haustier wie Hund oder Katze plötzlich seine Streicheleinheiten einfordern, das Telefon klingeln, oder der Nachbar mit dem Laubbläser arbeiten.

➢ *Wichtigkeit der Interaktivität:* Der Interaktivität kommt eine sehr große Bedeutung für das Gelingen des Online-Unterrichts zu. [22] Das heißt natürlich nicht, dass sie für den Präsenzbetrieb unwichtig wäre! Doch sie wird bei Videokonferenzen zusätzlich dadurch erschwert, dass die Vermittlungsmöglichkeiten der Körpersprache eingeschränkt sind. Bei Präsenzveranstaltungen ist sie dagegen selbstverständlicher Bestandteil. Auch die Mimik der Teilnehmenden ist nur unvollständig und bei ausgeschalteter Videoübertragung gar nicht sichtbar. [23] Der im Präsenzunterricht mögliche Blickkontakt zur Verständigung ist ebenfalls nicht möglich. [24] Lehrkräften und Teilnehmenden ist somit ein wesentliches Element der Interaktion genommen. Daher müssen Sie als Lehrkraft viel stärker von der Stimme und der Sprache Gebrauch machen, um bestimmte Dinge zu betonen, die Zuhörer zu „fesseln" und zu motivieren. Durch effizienten didaktischen Aufbau, Ihrerseits gestellte Fragen, durch die den Lernenden gegebene Möglichkeit, selber Fragen zu stellen sowie durch Arbeiten in der Kleingruppe (sofern die Konferenzsoftware Gruppenräume zur Verfügung stellt) oder mit der Gesamtgruppe, binden Sie diese in die Veranstaltung ein. Bei Selbstlernphasen muss ein besonderes Augenmerk auf die regelmäßige individuelle Betreuung der Teilnehmenden gelegt werden: um Gelerntes zu überprüfen, bei inhaltlichen Schwierigkeiten zu unterstützen, um Feedback zu geben, sowie zur verbindlichen Mitarbeit zu motivieren.

> *Wichtigkeit des Datenschutzes:* Zwar müssen Sie sowohl bei Präsenz- als auch bei Online-Veranstaltungen als Lehrkraft alle für Sie geltenden Datenschutzbestimmungen einhalten. Bei Onlinekursen kommt jedoch hinzu, dass persönliche Daten ins Internet gesendet und vom eingesetzten System verarbeitet werden. Daher muss sowohl den Datenschutzbestimmungen der Softwareanbieter als auch der eigenen Datensicherheit am PC zusätzliche Aufmerksamkeit geschenkt werden.

> *Reisezeit und -kosten:* Bei Präsenzkursen entstehen der Lehrkraft für die An- und Abfahrt zum Kursort Fahrtzeiten und -kosten. Diese entfallen in der Regel bei Online-Veranstaltungen, wenn sie aus dem Homeoffice durchgeführt werden. Auch den Teilnehmenden entsteht dieser Aufwand nicht, da sie der Veranstaltung zum Beispiel von zu Hause aus folgen können.

2.3   Flexibilisierung und Entwicklung

Online-Unterricht als Videokonferenz bietet Bildungsanbietern und ihren Lehrkräften eine Vielzahl von Flexibilisierungs- und Entwicklungsmöglichkeiten:

> *Räumliche Flexibilität:* Bildungsanbieter können durch Online-Angebote auf Raumpro-

bleme flexibler reagieren als bei Präsenz-kursen, indem Veranstaltungen in den virtuellen Raum ausgelagert werden. Eine Online-Veranstaltung ist damit nicht auf einen bestimmten physischen Unterrichtsort beschränkt, sondern für Teilnehmende, denen die Zugangsdaten mitgeteilt wurden, quasi von überall aus dem Internet abrufbar.

➢ *Neue Teilnehmende:* Online-Veranstaltungen bieten die Möglichkeit, neue Teilnehmergruppen zu erschließen. Eventuell ist die An- und Abfahrt zum Kursort des Präsenzunterrichts zu weit oder mangels Verkehrsverbindung nicht möglich. Besonders für den ländlichen Raum können sich interessante Perspektiven ergeben. Ähnliches gilt für Regionen, in denen Erwachsenenbildungsinstitutionen wie Volkshochschulen nur eine geringe Dichte aufweisen. [25] Technisch muss allerdings schnelles, stabiles Internet flächendeckend gewährleistet sein. Ebenso müssen den Interessenten Laptops, Tabletcomputer oder Smartphones als Endgeräte zur Verfügung stehen, um teilnehmen zu können. Bei überregionaler Bewerbung können auch Teilnehmende aus Regionen gewonnen werden, die sonst gar nicht zum Einzugsgebiet gehören würden. Das kann besonders für Weiterbildungsmaßnahmen interessant sein, die in überregionalen Datenbanken abrufbar sind.

➢ *Teilnehmende mit Mobilitätseinschränkung:* Sofern der Kursort des Präsenzunterrichts zum Beispiel nur über Treppen erreichbar ist, kann Menschen mit Mobilitätseinschränkungen, die der Veranstaltung zuvor fern geblieben wären, die Teilnahme über eine Videokonferenz ermöglicht werden. Teilhabe-, Bildungs- und Chancengerechtigkeit werden dadurch erhöht.

➢ *Expertise:* Durch spezielle digitale Angebote kann das Kursprogramm eines Bildungsanbieters inhaltlich erweitert werden. Auch Sie können als Lehrkraft Ihr Angebotsportfolio ausbauen. Beide Seiten zeigen sich dabei offen für Veränderungen, können sich zukunftssicherer aufstellen und ihre Wettbewerbsfähigkeit erhöhen. [26] Wie die Covid-19-Pandemie deutlich gezeigt hat, können Onlinekurse helfen, Pandemiewellen und ähnliche Ereignisse, die den persönlichen Kontakt des Präsenzunterrichts verhindern, zu überbrücken. So haben Lehrkräfte und Bildungsanbieter ein Hilfsmittel, auch wirtschaftlich schwierige Zeiten zu überstehen. Die Teilnehmenden finden nach wie vor ein hochwertiges Angebot vor und bleiben als Kunden erhalten. Sie können solch eine Krisenzeit sogar dazu nutzen, sich gesellschaftspolitisch, kulturell, sprachlich oder beruflich weiterzubilden.

➢ *Sensibilisierung:* Online-Unterricht kann sowohl seitens des Bildungsanbieters als auch seitens der Lehrkraft dazu verwendet werden, die Teilnehmenden für weitere digitale Angebote, aber auch für Themen wie Datenschutz, Datensicherheit, Soziale Medien, Fake News im Internet und vieles mehr zu sensibilisieren.

Es ist klar, dass die technischen Herausforderungen sowohl seitens des Bildungsanbieters als auch seitens der Lehrkraft finanzielle und zeitliche Investitionen erfordern. Diese umfassen die materielle Ausstattung (z. B. durch die Anschaffung von Kameras für Livestreams, von Softwarelizenzen oder Headsets), die Entwicklung spezieller Online-Angebote, als auch die Weiterbildung des Personals und der Lehrkräfte. Wesentliche politische Voraussetzungen sind finanzielle Förderprogramme und die Versorgung mit schnellem, flächendeckendem Internet. [27]

Es wäre verfehlt, diesen Aufwand als Nachteil zu werten. Denn es handelt sich um Weiterentwicklungen und Herausforderungen, die es erlauben, neue Lernangebote zu entwickeln. Selbstverständlich muss immer auch die regionale Nachfrage berücksichtigt werden. Doch die Bedeutung von Online-Angeboten und Videokonferenzen ist im Bildungsbereich insgesamt gestiegen. Sich diesen Entwicklungen zu verschließen birgt die Gefahr, sich wirtschaftlich und technisch ins Abseits zu manövrieren. [28]

3   Basics: Didaktik und Methoden

3.1   Grundlegende Fragen

Es ist egal, ob Sie eine Präsenz- oder eine Online-Veranstaltung vorbereiten möchten. In jedem Fall müssen Sie dabei folgende didaktischen Grundfragen klären: [29]

➢ *Wofür* wird die Veranstaltung/ das Thema benötigt?

➢ *Für wen* ist sie gedacht? Welche Zielgruppe soll sie ansprechen? Zu welcher Altersgruppe gehören die Teilnehmenden, welches Geschlecht besitzen sie, welche Schul- und Berufsbildung usw. liegen vor?

➢ *Wozu* soll die Veranstaltung dienen? Welches Lernziel oder welche Qualifikation wird angestrebt?

➢ *Was* ist der Inhalt? In welchem Umfang und in welcher Tiefe soll er vermittelt werden?

Welche Vorkenntnisse der Teilnehmenden müssen dabei berücksichtigt werden?

➢ *Wie* soll der Inhalt zielgruppen- und lernzielspezifisch vermittelt werden? Welche Methoden werden eingesetzt?

➢ *Womit* wird die Veranstaltung durchgeführt? Welche Medien werden dazu gebraucht?

➢ *Wo* soll die Veranstaltung durchgeführt werden? Welcher Lernort ist geeignet und steht zur Verfügung?

3.2 Voraussetzungen und Erwartungen der Teilnehmenden

Ob Präsenz- oder Online-Unterricht: Die Teilnehmenden haben Erwartungen und Erfahrungen, die sehr unterschiedlich sein können. Als Lehrkraft müssen Sie diese Gemengelage berücksichtigen. Die Teilnehmenden

➢ bringen positive oder negative Schul- und Weiterbildungserfahrungen mit,

➢ sie stehen kontroversen Themen mehr oder weniger aufgeschlossen gegenüber,

➢ sie sind an neuen Fakten sowie an sozialer Kommunikation interessiert,

➢ sich möchten aktiv diskutieren,

➢ sie möchten unterhalten werden.

Das Spektrum kann gerade bei großen Gruppen sehr „bunt" sein. Genauso unterschiedlich wie die inhaltlichen Vorkenntnisse können Aufgeschlossenheit und Vorkenntnisse im Umgang mit Computer und Internet ausfallen.

Von der Veranstaltung erwarten sie [30]

> Wissen zur Lösung eines konkreten Problems oder zur alltäglichen Anwendung (zum Beispiel den effektiven Umgang mit einem bestimmten EDV-Programm),

> Inspiration zum Nachdenken und zur Diskussion (zum Beispiel bei kulturgeschichtlichen Vorträgen),

> sie möchten eine Frage aus mehreren Blickwinkeln betrachten (zum Beispiel ein komplexes Problem der aktuellen Politik),

> sie erwarten eine Veranstaltung, die lebendig, engagiert und authentisch durchgeführt wird. Sie wollen erleben, dass die Lehrkraft im Thema „zu Hause" ist und wirklich hinter der Vermittlung steht.

Den einfachsten Zugang zum vermittelten Stoff finden die Teilnehmenden, wenn er an ihr Wissen und ihre Erfahrungen anknüpft oder zur Lösung eines praktischen Problems beiträgt.

Bei längeren Veranstaltungen, die mehrere Termine umfassen, bietet es sich an, Wahlmöglichkeiten oder optionale Vertiefungsmöglichkeiten zum Selbststudium zwischen den Terminen einzubauen. In einem Handout sollten dazu weiterführende Literatur- und Internetangaben nicht fehlen. Um den Lernerfolg bei Selbstlernphasen zu fördern, benötigen die Teilnehmenden jedoch Struktur und Verbindlichkeit durch klare Aufgabenstellungen, Ziel- und Zeitvorgaben, durch regelmäßige Betreuung und (Selbst-)Motivierung. [31]

Speziell bei Online-Veranstaltungen kommen noch einige technische Aspekte aus Sicht der Teilnehmenden hinzu: Entgegen dem Vorurteil, dass Senioren in der Regel nur in geringem Maße für das Internet zu begeistern sind, könnten sich gerade Ihre Teilnehmenden hier sehr aufgeschlossen zeigen. Dagegen erscheinen sogenannte „Digital Natives", die mit den Möglichkeiten des Internets und sozialer Medien aufgewachsen sind, vielleicht sehr versiert in der Bedienung des Computers, müssen aber eventuell erst noch für Datenschutz, Datensicherheit und die Erschließung neuen Wissens oder berufliche Anwendungen sensibilisiert werden. [32]

Teilnehmende, die sich im Umgang mit der Technik unsicher fühlen, könnten bei Schwierigkeiten schnell überfordert sein und den Kurs verlassen: „Der Kurs bringt mir nichts, ich komme ja noch nicht einmal mit der Technik klar."

Für die Lernatmosphäre spielt ferner die Einstellung eine Rolle, ob die Teilnehmenden die Form des Online-Unterrichtes grundsätzlich akzeptieren, vielleicht aus beruflichen Gründen akzeptieren müssen, oder ihr skeptisch gegenüberstehen.

3.3 Anforderungen an die Lehrkraft

Zu den grundlegenden Voraussetzungen, die von einer Lehrkraft in einer Präsenzveranstaltung erwartet werden, gehört ein sicheres, souveränes Auftreten.

Neben Lehrerfahrung wird dieses von folgende Faktoren bestimmt: [33]

> *Fachliche Kompetenz:* Sie muss ihr Stoffgebiet inhaltlich beherrschen.

> *Didaktische und methodische Kompetenz:* Sie muss wissen, wie sie die unterrichteten Inhalte zielgruppen- und situationsspezifisch vermittelt.

> *Soziale Kompetenz:* Sie muss als Lernpartner auf die Bedürfnisse und Fragen der Teilnehmenden eingehen können.

> *Persönliche Kompetenz:* Sie muss den Lernstoff authentisch vermitteln und für die Teilnehmenden als Lernmodell wirken.

> *Organisatorische Kompetenz:* Sie muss den Prozess des Lernens gut organisieren und strukturieren.

Diese Kompetenzen stellen Ebenen dar, auf denen die Lehrkraft agiert. Sie gelten genauso für den Online-Unterricht. Dieser fordert jedoch auch die

> *Technische Kompetenz:* Die Lehrkraft muss die eingesetzte Software und mögliche Probleme kennen. Sie ist im Kurs erste Ansprechperson für die Teilnehmenden für technische „Erste Hilfe".

3.4 Anforderungen an den Unterrichtsraum

Der Ort in dem Präsenzunterricht stattfindet, muss für diesen geeignet sein. Er muss eine angenehme

Atmosphäre, ungestörtes Arbeiten, Lernen und den freien Informationsaustausch ermöglichen. Teilnehmende und Lehrkraft müssen sich in ihm wohl fühlen. Auch die für Präsentationen, Moderationen und Gruppenarbeiten benötigten Gerätschaften müssen vorhanden und funktionsfähig sein. Dazu gehören:

> Laptop/ Beamer/ Internetanschluss,

> Flipchart/ Pinnwand/ Schultafel

> Moderationskoffer,

> Overheadprojektor,

> Dokumentenkamera.

Der Unterrichtsraum einer Online-Veranstaltung besteht dagegen aus mehreren Ebenen: dem Videokonferenzsystem, dem Endgerät und dem physischen Aufenthaltsraum der Teilnehmenden. Sofern sich Störquellen in der direkten Umgebung der Teilnehmenden befinden, haben Sie als Lehrkraft nur einen begrenzten Einfluss darauf.

Für einen funktionierenden Unterricht soll auch das Videokonferenzsystem oder die benutzte Lernplattform Funktionen wie ein Whiteboard mit virtuellen Zeichenstiften, die Möglichkeit, eine Präsentation einzusetzen, Dateien auszutauschen usw. zur Verfügung stellen.

3.5 Lerntypen

Menschen nehmen zu lernende Informationen sehr verschieden über ihre Sinne auf. Dabei werden folgende ideale Lerntypen unterschieden: [34]

- ➢ Der *auditive Typ* lernt am besten durch Zuhören. Für seinen Lernerfolg sind Sprache und Musik wichtig.

- ➢ Der *visuelle Typ* lernt am besten durch Beobachten und Visualisierung. Für ihn eignet sich die Verwendung von Bildern, Grafiken oder Videoclips.

- ➢ Der *haptische Typ* lernt am besten durch die eigene Praxis und das experimentelle Ausprobieren.

- ➢ Der *intellektuelle Typ* lernt am besten durch Abstraktion.

- ➢ Der *kommunikative Typ* lernt vor allem im Gespräch. Für ihn bieten sich Lehrgespräche und Diskussionen an. [35]

In der Praxis werden Sie selten auf einen dieser idealisierten Lerntypen stoßen, sondern es liegen in der Regel „Mischtypen" vor. Ebenso sind alle Teilnehmenden einer Veranstaltung verschieden, so dass das Feld auch hier sehr heterogen erscheint. Für die Inhaltsvermittlung Ihres Unterrichts empfiehlt es sich daher, immer mehrere Sinne anzusprechen.

3.6   Veranstaltungsformen

Klassische Präsenzveranstaltungen können in verschiedenen Formaten durchgeführt werden. Die Auswahl des Formats oder einer Mischung von Formaten richtet sich sowohl nach der Frage, auf welche Weise der Unterrichtsstoff erarbeitet und vermit-

telt werden, als auch danach, welcher Lerntyp angesprochen werden soll. Gängige Formate sind: [36]

> *Lehrvortrag:* Die Lehrkraft spricht alleine vor
  den Teilnehmenden. Dies kann zum Beispiel
  zu einer wirtschaftspolitischen Frage geschehen, die aus mehreren Blickwinkeln
  analysiert wird. Dabei können Hilfsmittel wie
  Beamer, Flipchart, Whiteboard oder Schultafel eingesetzt werden. Die Teilnehmenden
  werden über Fragen und Diskussionen ein-
  gebunden.

> *Lehrgespräch:* Es ist eine intensive Mi-
  schung aus Vortrag und Diskussion. Dabei
  sollen die Beiträge der Teilnehmenden
  durch die Lehrkraft in den Vortrag eingebaut
  werden.

> *Gruppenarbeit:* Die Teilnehmenden bilden
  kleine Gruppen, die jede für sich eine von
  der Lehrkraft gestellte Aufgabe bearbeitet.
  Die Ergebnisse werden im Auditorium vorgestellt. Während der Gruppenphase gibt
  die Lehrkraft Hilfestellung und moderiert den
  Vorstellungsprozess. Das Verfahren eignet
  sich gut für Projektarbeiten, Strategie- und
  Lösungsentwicklungen. [37]

> *Murmelgruppe:* Hier werden Vortrag und
  Gruppenarbeit miteinander vermischt. Nach
  einer kurzen Vortragsphase folgt Gruppenarbeit der Teilnehmenden über eine Frage
  aus dem Vortragsabschnitt. Sofern anschließend Fragen offen bleiben, werden sie vom
  Dozenten oder dem Auditorium geklärt. An-

schließend folgt eine zweite kurze Vortragsphase mit anschließender Gruppenarbeit
usw.

> *Rollenspiel:* Die Teilnehmenden schlüpfen in
bestimmte Rollen zum Training einer Kon-
fliktsituation, eines Vorstellungsgesprächs,
eines Verkaufsgesprächs o. ä. Sie sollen dabei so realistisch wie möglich spielen. Nach
dem Ende dieser Phase wird das im „Spiel"
gezeigte Verhalten, die Rhetorik, Reaktio-
nen, Gestik, Mimik usw. für den Lernprozess
analysiert.

> *Barcamp:* Dieses zählt zu den moderneren
Formen. Die Teilnehmenden strukturieren
die Veranstaltung durch eigene Arbeitsgruppen selbst, tauschen ihr Wissen aus und
entwickeln Problemlösungen. Die Themen
der Arbeitsgruppen stehen zu Beginn der
Veranstaltung noch nicht fest. [38]

> *Flipped Classroom:* Der „umgekehrte Unter-
richt" verzichtet auf die Vermittlung theoreti-
scher Inhalte der Lehrkraft. Stattdessen geht
dem Unterricht in der Gesamtgruppe eine
Selbstlernphase der Teilnehmenden voraus.
In dieser arbeiten sie sich in die von der
Lehrkraft zusammengestellten Grundlagen
eines Themas ein. Anschließend moderiert
die Lehrkraft in der Gesamtgruppe die Erar-
beitung gemeinsamen Wissens. [39]

All diese Formen können in der Praxis des Präsenzunterrichts variiert werden. Es ist klar, dass be-

stimmte Formate für bestimmte Lerntypen besser geeignet sind, als andere.

Grundlegend sind diese klassischen Formen auch im Online-Unterricht über eine Videokonferenz möglich. Dabei müssen sie jedoch den neuen Bedingungen angepasst werden.

So kann der Lehrvortrag etwa mittels einer Präsentationssoftware wie Powerpoint oder Impress durchgeführt werden und ebenfalls Diskussionsanteile enthalten. Bei Kleingruppen oder Einzeltrainings kann das Lehrgespräch zum Einsatz kommen, dessen Ergebnisse am virtuellen Whiteboard oder klassisch auf Papier festgehalten werden. Sofern das Videokonferenzsystem Gruppenräume anbietet, können diese für geplante Gruppenarbeiten genutzt werden. Mit virtuellen Gruppenräumen wären auch die Voraussetzungen für die virtuelle Murmelgruppe oder Barcamps gegeben. Selbst das Rollenspiel zwischen zwei Personen ist möglich. Da Mimik und Gestik aber nur eingeschränkt sichtbar sind, müsste es sich vor allem auf den rhetorischen Teil beschränken. Flipped Classrooms können als Blended Learning-Angebot umgesetzt werden: Auf die Selbstlernphase der Teilnehmenden folgt die virtuelle Gruppenarbeit.

3.7 Moderationsmethoden

Es gibt unzählige Moderationsmethoden für eine Präsenz- aber auch Online-Veranstaltung, die an dieser Stelle nicht alle aufgelistet werden können. [40] Nicht alle Präsenzmethoden eignen sich für den Online-Unterricht. Doch grundlegende „Klassiker" können in Abwandlungen auch für eine Videokonferenz übernommen werden.

Einige Vorschläge zur Moderation von Vorstellungsrunden:

> *Namensnennung:* Im Präsenzunterricht können sich die Teilnehmenden sehr einfach der Reihe nach vorstellen. Dies ist auch in einer Videokonferenz möglich, wobei den jeweiligen Personen von Ihnen als Moderator Rederechte zugewiesen werden müssen.

> *Bällewerfen:* Die Teilnehmenden können sich bei der Vorstellungsrunde auch anhand der im System angezeigten Namen aufrufen und sich gegenseitig zur Vorstellung auffordern. Die Methode ähnelt dem Zuwerfen von Bällen oder kleinen Sandsäckchen im Präsenzbetrieb. Zum bessern Funktionieren in der virtuellen Welt sowie für das Miteinander während der Veranstaltung ist es sinnvoll, wenn diese ihre Namen vollständig in das System eingeben. Auf diese Weise werden keine Nummern oder Initialen angezeigt. [41] Der virtuelle Unterrichtsraum wird zudem übersichtlicher und etwas persönlicher gestaltet. Auch das wirkt sich positiv auf die Lernatmosphäre aus.

> *Partnerinterview:* Sofern die Videokonferenzsoftware virtuelle Unterrichtsräume für Gruppenarbeiten zur Verfügung stellt und die Anzahl der Teilnehmenden nicht zu groß ist, können sich Zweiergruppen in diesen

virtuellen Räumen gegenseitig interviewen. Anschließend werden die einzelnen Teilnehmenden vom Interviewpartner der Gesamtgruppe vorgestellt.

> *Landkarten:* Gerade bei größeren und/ oder regional gemischten Gruppen kann die Vorstellungsrunde auch mit einer vorbereiteten Landkarte verbunden sein. Auf dieser markieren die Teilnehmenden mit ihren virtuellen Bearbeitungswerkzeugen, woher sie kommen. Dadurch kann ein Bewusstsein für den überregionaler oder internationaler Charakter einer Veranstaltung geschaffen und visuell umgesetzt werden.

Die Abfrage von Erwartungen, Wünschen, Stimmungen und Meinungen:

> *Erwartungsabfrage:* Sie erfolgt zu Beginn eines Kurses oder einer speziellen Übung. Die Ergebnisse werden im Präsenzbetrieb entweder mündlich gesammelt oder auf einer Pinnwand oder einem Whiteboard festgehalten. Dazu kann bei Videokonferenzen das digitale Whiteboard eingesetzt werden.

> *Wetterbericht:* Die aktuelle persönliche Stimmung der Teilnehmenden kann in Form und Wortwahl eines Wetterberichts beschrieben werden. [42] Mit dieser Methode können Sie die Gruppe besser einschätzen.

> *Blitzlicht:* Beim Blitzlicht äußern sich alle Teilnehmenden mit ein oder zwei Sätzen zu einer bestimmten Frage. Mit dieser Methode werden kurz und knapp Meinungen einge-

holt, momentane Stimmungen oder Befind-
lichkeiten der Teilnehmenden erfasst. Sie
eignet sich etwa, wenn Störungen im Unterricht aufgetreten sind. Sie kann aber auch
zur Einleitung einer Abschlussrunde mit anschließender Diskussion dienen.

➢ *Umfragen:* Mit von der Lehrkraft vorbereite-
ten Fragen können die Teilnehmenden (besonders bei großen Gruppen) Meinungen
oder Wünsche äußern. Umfragen eignen
sich ebenso zur Abfrage von Wissen und
Vorkenntnissen. Sie können sowohl zu Beginn, zwischendurch, als auch am Ende der
Veranstaltung eingesetzt werden. Manche
Videokonferenzsysteme stellen dazu ein eigenes Umfragetool zur Verfügung, das Sie
auch spontan nutzen können. Bietet das
System keine eigene Umfragefunktion, kann
diese über eine zuvor vorbereitete externe
Software durchgeführt werden. Ebenso ist
für Umfragen ein vorbereitetes, gemeinsam
bearbeitbares Dokument vorstellbar. Es
muss mit den Auswahlmöglichkeiten be-
schriftet sein. Die Teilnehmenden stimmen
dadurch ab, indem sie über ihre Bearbei-
tungswerkzeuge die gewünschte Antwort
markieren.

Kreativität und Strukturierung:

➢ *Brainstorming:* Es dient der Lösung eines
definierten Problems oder einer Frage. Im
Präsenzunterricht erfolgt es am Whiteboard
oder an der Pinnwand. Im Online-Unterricht
ist es am virtuellen Whiteboard oder auf ei-

nem gemeinsam bearbeitbaren Dokument möglich.

➢ *Clustern:* Sofern die Teilnehmenden im Präsenzunterricht Moderationskarten mit ihren Antworten vorbereitet haben, die an einer Pinnwand gesammelt werden, kann die Lehrkraft diese schnell zu Clustern gruppieren, um die Lösung zu differenzieren. Auch das ist grundsätzlich am digitalen Whiteboard möglich. Das Clustern kann dort über das Verschieben von Textfeldern erfolgen.

Unterschiedliche Sichtweisen:

➢ *Perspektivwechsel:* Für das Verständnis eines Problems oder einer Situation kann es sehr hilfreich sein, den Blickwinkel einer anderen Person einzunehmen: etwa des Kunden, dem ein Produkt verkauft werden soll, des Vorgesetzten, der über eine Bewerbung zu entscheiden hat, des Politikers, der ein Gesetz beurteilen soll, usw. Den Teilnehmenden kann dazu alleine oder in der Gruppe die Aufgabe gestellt werden, sich in deren Rolle zu versetzen und die Situation aus deren Sicht zu bewerten. [43]

➢ *Berühmte Persönlichkeiten:* Eine reizvolle und anspruchsvolle Variante des Perspektivwechsels kann darin bestehen, ein Problem aus der Sicht einer berühmten Persönlichkeit zu sehen. Dies bietet sich besonders für Veranstaltungen zu wirtschaftlichen, politischen, historischen oder philosophischen Fragen an. Dabei könnten zuvor grundlegende Informationen zur Person vermittelt worden sein. Die Vorbereitung der vermeintlichen Position dieser Persönlichkeit erfolgt in Einzel- oder Gruppenarbeit.

3.8 Sprache und Stimme

Die Stimme ist nicht nur Ausdruck Ihrer Persönlichkeit und Ihrer Emotionen. Sie ist vielmehr das unverzichtbare Arbeitswerkzeug, ohne das Sie keine Veranstaltung halten können und das sehr variabel gestaltbar ist. Sie kann genauso wie die Ausdrucksweise durch Übungen trainiert werden. [44]

Modulation und Dynamik der Stimme unterstreichen die Bedeutung der ausgesprochenen Inhalte. Diese müssen zueinander passen, um für die Teilnehmenden authentisch und nicht verstellt, komisch oder falsch zu wirken. Grundlage für den bewussten Einsatz der Stimme sind eine entspannte Atmung und Körperhaltung. [45]

Zur sprachlichen Vermittlung gehören auch Mimik und Gestik. Sie unterstreichen ebenfalls das Gesagte, aber auch die stimmliche Intonation. Zwar sind ihnen bei Videokonferenzen Grenzen gesetzt, womit Wortwahl und Stimme eine noch größere Rolle zufallen. Doch Gesten und körperliche Bewegungen geschehen beim Sprechen vor der Kamera quasi von selbst. Da sie sowohl die gesprochenen Inhalte, aber auch die Stimme unterstützen und wiederum auf diese zurückwirken, sollte Körpersprache auch bei Videokonferenzen bewusst eingesetzt werden. [46]

3.9 Fragemethoden

Durch Fragen gestalten Sie den Unterricht interaktiv, regen Ihre Teilnehmenden zum Nachdenken und zur Mitarbeit an. Sie können erfahren, ob der vermittelte Inhalt bei den Teilnehmenden angekommen ist, wo eventuell Verständnisprobleme oder Einwände bestehen oder zu neuen Sichtweisen anregen.

Man unterscheidet geschlossene Fragen und offene Fragen. Geschlossene Fragen engen den Antwortrahmen der gefragten Person ein. Sie können nur mit „ja", „nein", „weiß ich nicht" oder „vielleicht" beantwortet werden. [47] Offene Fragen beginnen in der Regel mit den Frageworten

- ➢ Wer …?
- ➢ Was …?
- ➢ Wie …?
- ➢ Wo …?
- ➢ Wann …?
- ➢ Weshalb …?
- ➢ Warum …?
- ➢ Wozu …?

Sie leiten eine Frage ein, auf die mehrere Antworten möglich sind.

Während sich geschlossene Fragen eher zur Abfrage bestehenden Wissens eignen, regen offene Fragen zur Verknüpfung von Themenkomplexen, Analysen von Sachverhalten, Argumentationen und damit eigenständigem Denken und Problemlösungen an.

Gegenfragen auf eine Frage können zu den offenen Fragen gerechnet werden, da mit ihnen weitere Details vom ursprünglich Fragenden erwartet werden. Dagegen geben rhetorische und suggestive Fragen die Antworten quasi schon vor, womit der Rahmen für den Antwortenden wieder erheblich eingeschränkt wird. [48]

3.10 Visualisierung

Um Lehrinhalte anschaulich zu vermitteln empfiehlt sich die Visualisierung: Dies geschieht im Präsenzunterricht durch die Verwendung der Schultafel, des Flipcharts, des Whiteboards, der Pinnwand oder durch den Einsatz einer Präsentation. Bekannte Programme dazu sind Powerpoint, Impress oder Prezi. Präsentationen sind auch online möglich.

Wer Bilder verwenden möchte, muss (in beiden Veranstaltungsformaten!) Urheber- und Datenschutzrechte beachten. Eine Hilfe können dabei Bilder bieten, die unter einer Creative Commons-Lizenz (CC) verfügbar sind. Sie erlaubt die Verwendung innerhalb eines definierten Rahmens. [49]

Ebenso können kurze Videosequenzen aus dem Internet der Veranschaulichung dienen. Auch hier sind Urheber- und Datenschutzrechte zu beachten!

Über Suchmaschinen wie Google oder Yahoo! ist es möglich, gezielt nach Medien unter CC-Lizenz zu suchen. Auch die Creative Commons-Homepage bietet eine Suchfunktion für CC-lizensierte Bilder im Internet. [50] Die Datenbank Wikimedia Commons enthält ebenfalls CC-lizensierte Bilder. [51]

Haben Sie Gruppenarbeiten verteilt, sollten die Ergebnisse auch hier visualisiert werden. Dazu können im Online-Unterricht das Whiteboard oder ein gemeinsam bearbeitbares Dokument verwendet werden. Die Visualisierung zeigt zum einen die Wertschätzung gegenüber den Teilnehmenden und ihren erarbeiteten Inhalten. Diese üben die Präsentation und sowohl Ihnen als Lehrkraft als auch den anderen Teilnehmenden gibt die Visualisierung eine verbindliche Basis für weitere Diskussionen.

3.11 Arbeitsblätter und Handouts

Für Sprachkurse sind Arbeitsblätter mit Übungen sehr wichtig. Sie können den Teilnehmenden entweder vor der Online-Veranstaltung zugeschickt oder in der Veranstaltung oder auch erst danach zur Verfügung gestellt werden.

Auch Lehrbuchverlage stellen in Ihren Werken oder auf Ihrer Homepage oft Arbeitsblätter bereit, die in einem bestimmten Rahmen genutzt werden dürfen. Im Zweifelsfall muss die Verwendung abgeklärt werden!

Um den Teilnehmenden Informationen zur späteren Rekapitulation zur Verfügung zu stellen, bieten sich Handouts an. Sofern Sie ein Präsentationsprogramm verwenden, besteht die einfachste Möglichkeit zur Erstellung eines Handouts darin, die Folien auszudrucken: vier oder sechs neben- und untereinander auf einer Seite angeordnet. Ob Sie das tatsächlich tun sollten hängt jedoch nicht nur vom geringen Zeitaufwand ab, sondern auch vom Informationsgehalt der Folien. Eine Grafik, die erst durch mündliche Erklärung verständlich wird, erscheint zur Nachbereitung weniger gut geeignet als die gleiche Grafik mit einigen erläuternden Stichpunkten auf der Folie. Ebenso müssen Sie für sich die Frage klären, ob Sie wirklich die komplette Präsentation herausgeben möchten oder dürfen.

Alternativ können Sie auch ein eigenes Handout entwerfen. Es kann folgendermaßen aufgebaut sein:

> *Kopfzeile:* Sie enthält den Namen der Lehrkraft, den Namen des Bildungsanbieters, sowie Ort und Datum der Veranstaltung.

> *Hauptteil:* Er enthält den Titel der Veranstaltung sowie in gegliederten Stichpunkten die wichtigsten inhaltlichen Aspekte.

> *Schlussteil:* Hier können benutzte und weiterführende Literatur sowie einschlägige Internetseiten aufgeführt werden.

Zwar ist die Arbeitszeit bei der Erstellung von qualitativ guten Handouts nicht zu unterschätzen. Doch der Aufwand lohnt sich: Ihre Veranstaltung gewinnt an Professionalität, den Teilnehmenden wird eine wichtige Lernhilfe bereit gestellt, sie werden ihr Engagement schätzen und auch Sie selbst können ein klar strukturiertes Handout als Kurzübersicht zur Einstimmung auf die Veranstaltung verwenden. Sollten Sie diese mehrfach halten, müssen Sie das Handout nur einmal vorbereiten und können es mit veränderter Kopfzeile wieder verwenden.

4 Inhaltliche Vorbereitung

4.1 Zielsetzung

Um eine konkrete Veranstaltung als Videokonferenz zu konzipieren, müssen Sie zunächst einen inhaltlichen und technisch-organisatorischen Rahmen entwerfen. Dazu müssen Sie für beide Bereiche grundlegende didaktische Fragen klären, um sich über Ziele und Erwartungen sowohl an die Veranstaltung als auch an Sie als Lehrkraft klar zu werden. Für die didaktische und für die technische Vorbereitung ist es wichtig,

> ➢ die Zielgruppe und Anzahl der Teilnehmenden zu kennen oder mindestens abschätzen zu können.

> ➢ möglichst präzise Lernziele zu formulieren. Sie dienen in der weitergehenden Arbeit auch der inhaltlichen Strukturierung.

Checkliste

> ➢ Wofür wird die Veranstaltung benötigt?

> ➢ Welches Lernziel wird angestrebt?

> ➢ Wie lautet der Titel der Veranstaltung? Welche Erwartungen kann und soll er wecken?

> ➢ Wer gehört zur Zielgruppe der Veranstaltung?

> ➢ Was wissen Sie über die Erwartungen der Teilnehmenden?

> ➢ Welchen Kenntnisstand bringen die Teilnehmenden (voraussichtlich) mit?

4.2 Aufbereitung der Inhalte

Geben Sie der Veranstaltung eine inhaltliche Struktur, indem Sie das in der Regel sehr große Themenfeld des Titels eingrenzen. Dabei entscheiden Sie, welche Inhalte behandelt werden sollen, welche nicht und welche Sie als möglichen Exkurs in der Hinterhand haben.

Es gibt verschiedene Möglichkeiten, den in der Regel sehr umfangreichen Stoff zu reduzieren: [52]

> ➢ Sie können aus einem umfangreichen Themengebiet eine exemplarische Auswahl treffen. So werden Sie bei einer Behandlung des mittelalterlichen Kaisertums kaum alle Kaiser erwähnen können. Stattdessen wäre es anschaulicher und einprägsamer, einzelne Kaiser herausgreifen – etwa Karl den Großen oder Friedrich II. – um beispielhaft

an ihrem Leben und Wirken bestimmte Probleme und Entwicklungen zu verdeutlichen.

➢ Der von ihnen ausgewählte Stoff knüpft direkt an die Vorkenntnisse und Erfahrungen der Teilnehmenden an. Bestimmte Dinge werden dabei als bekannt vorausgesetzt. So braucht sich der Word-Kurs für Fortgeschrittene nicht mehr mit den Formatierungsmöglichkeiten „fett" oder „kursiv" usw. zu befassen. Er sollte aber zum Beispiel auf die Serienbrieffunktion eingehen.

➢ Sie konzentrieren sich auf Situationen zur Lösung eines ganz bestimmten Problems. Dies können bei einem Kurs zu einem Tabellenkalkulationsprogramm zum Beispiel spezielle Möglichkeiten der Datenauswertung wie Filterfunktionen oder Pivot-Tabellen sein.

➢ Sie abstrahieren bestimmte Themen auf wesentliche Schlagworte. Um diese herum organisieren Sie dann einzelne Veranstaltungsabschnitte. Schlagworte zum Thema „Charles Darwin" könnten zum Beispiel sein: „Forschungsreise", „Evolutionstheorie" und „Weltbild".

Bei der Strukturierung der Stoffsammlung können Ihnen die Gliederungsfunktionen in Textverarbeitungsprogrammen wie Word oder Writer eine Hilfe sein. Genutzt werden auch Notizprogramme sowie Software zur Erstellung von Mindmaps.

Zur thematischen Eingrenzung und Strukturierung müssen Sie ebenfalls entscheiden,

- ➢ welche der ausgewählten Inhalte von Ihnen selbst präsentiert werden sollen,

- ➢ welche in virtueller Einzel- oder Gruppenarbeit erarbeitet werden sollen,

- ➢ welche in Selbstlernphasen ausgelagert werden sollen.

Vielleicht erscheinen nicht alle Inhalte für den Online-Unterricht geeignet. [53]

In einem weiteren Schritt können Sie zum Beispiel eine Präsentation und/ oder Übungsaufgaben erstellen, mit denen Sie die Inhalte den Teilnehmenden vermitteln möchten.

Zur besseren zeitlichen Orientierung können sie sowohl für Präsenz- als auch für Online-Veranstaltungen ein zeitliches Schema entwickeln. Darin legen Sie fest, wieviele Minuten Sie für eine bestimmte Aktion oder einen inhaltlichen Block voraussichtlich benötigen. [54] Allerdings sollten Sie nicht zu detailliert planen, da sich der Ablauf in der Praxis schnell verschieben kann. Für Präsenzveranstaltungen gelten jeweils 20 Minuten. [55] Für Online-Veranstaltungen finden sich in der Literatur Zeiträume zwischen 7 und 15 Minuten, nach denen eine Interaktion mit den Teilnehmenden erfolgen soll. [56] Bei Veranstaltungen, die länger als 90 Minuten dauern, sollten Sie genauso wie im Präsenz- auch im Online-Unterricht eine kurze Pause einplanen. [57]

Bei der inhaltlichen Vorbereitung und der späteren Darstellung muss immer Ihre Objektivität gewahrt bleiben. Das gilt besonders bei strittigen Punkten, zu denen es verschiedene Meinungen und Ansätze gibt. Denn es handelt sich um eine Bildungsveranstaltung und nicht um Marketing für eine bestimmte Position oder ein Produkt.

Checkliste

> ➤ Was ist das Lernziel für die Teilnehmenden?

> ➤ Wieviel Zeit steht zur Verfügung? Welche zeitliche Gliederung liegt Ihrer Veranstaltung zugrunde?

> ➤ Welche Inhalte sollen vermittelt werden?

> ➤ Sofern Sie Informationen über den Kenntnisstand der Teilnehmenden besitzen: Knüpfen die geplanten Inhalte an diesen an?

> ➤ Welche Methoden und Techniken sollen in der Vermittlung eingesetzt werden?

4.3 Zusatzmaterial

Bereiten Sie durch Arbeitsblätter notwendige Übungen vor, die den Teilnehmenden in elektronischer Form zur Verfügung stehen sollen (etwa für Deutsch- oder Englischkurse). Handouts mit inhaltlichen Zusammenfassungen (z. B. für Vorträge) geben den Teilnehmenden die Möglichkeit, die Veranstaltung später nochmal zu rekapitulieren und durch weiterführende Literatur zu vertiefen.

Ähnlich wie im Schulunterricht [58] können auch hier Linklisten informativer Internetseiten eine Hilfe sein. Als nützlich können sich auch Open Educational Resources (OER) erweisen, die im Internet zur Verfügung stehen. [59] Vor der Verwendung müssen sie jedoch auf ihre Qualität und Verwendbarkeit für den vorgesehenen Kurs geprüft werden. [60] Ebenso müssen auch hier die jeweiligen Nutzungsbestimmungen beachtet werden.

Checkliste

> ➤ Was sollen Arbeitsblätter und Handouts enthalten?

> ➤ Wie umfangreich sollen Arbeitsblätter und Handouts ausfallen?

> ➤ Sofern Sie von Lehrbuchverlagen und/ oder aus dem Internet übernommen werden: Dürfen sie für den vorgesehenen Zweck eingesetzt werden?

> ➤ Wann und wie sollen sie den Teilnehmenden zur Verfügung gestellt werden?

> ➤ Sollen die Aufgaben während der Videokonferenz (alleine oder in Gruppenarbeit) oder erst nach der Videokonferenz gelöst werden?

5   Technische Vorbereitung

5.1   Auswahl der passenden Software

Es sind inzwischen eine Vielzahl von Videokonferenzsystemen auf dem Markt und im Einsatz. [61] Sofern der Bildungsanbieter ein bestimmtes System und/ oder eine bestimmte Lernplattform zur Verfügung stellt (für die er z. B. Lizenzen erworben hat), sind Sie in der Regel an diese gebunden. Andernfalls muss in Absprache mit ihm noch entschieden werden, mit welcher Software gearbeitet und der Kurs ausgeschrieben werden soll. Wesentlich erscheinen (dem Autor) folgende Funktionen:

> ➢ Aktivierung und Deaktivierung von Ton und Videobild der Teilnehmenden,

> ➢ Up- und Download von Dokumenten und Präsentationen,

> ➢ Bildschirmfreigabe auf den Rechner der Lehrkraft,

> ➢ virtuelles Whiteboard,

> Chatfunktion zwischen Teilnehmenden und Lehrkraft.

Für Veranstaltungen, die einen sehr genauen Blick der Lehrkraft auf die Teilnehmenden erfordern, sollte ein System verwendet werden, dass es ermöglicht, deren Videobilder groß anzeigen zu lassen. So können bei Yoga- oder Fitnesskursen Korrekturen der Körperhaltungen besser vorgenommen werden.

Manche Systemanbieter begrenzen die Seminarzeit einer Videokonferenz je nach Lizenz auf eine bestimmte Anzahl von Minuten oder Stunden. [62] Dies kann den Gebrauch der Software günstig machen. Es kann Sie und die Teilnehmenden aber auch gegen Ende der Veranstaltung unter zeitlichen Druck setzen und die Veranstaltung abrupt beenden. Hier gilt es abzuwägen oder das eigene Zeitkonzept strikt einzuhalten.

Sofern die Software vom Bildungsanbieter vorgegeben wird, sollte es bei ihm eine Ansprechperson geben, die für technische Fragen zur Verfügung steht. Ebenso sollten Sie die Telefonnummer des technischen Supports des Softwareanbieters eruieren.

Bei der Nutzung eines Videokonferenzsystems oder einer Lernplattform fallen Daten an, die sowohl von den Teilnehmenden als auch von Ihnen als Lehrkraft ins Internet gesendet und dort verarbeitet werden. [63] Es empfiehlt sich daher, bei der Auswahl auch die Informationen zur Verarbeitung, zur Speicherung und zum Schutz von Daten zu lesen, die der Anbieter zur Verfügung stellt!

Für Software-Anbieter, die ihre Serverstandorte außerhalb der Europäischen Union haben, gelten die jeweiligen Bestimmungen dieser Länder, die von der DSGVO abweichen können!

Ferner kann es interessant und notwendig sein, zusätzlich externe Software zu nutzen. Dies gilt besonders dann, wenn das Videokonferenzsystem bestimmte Funktionen, die Sie benötigen, nicht vorsieht: zum Beispiel für Umfragen, zur gemeinsamen Textbearbeitung oder zur Arbeit mit einem virtuellen Whiteboard. Auf sie kann hier nicht im Detail eingegangen werden. Doch das Internet bietet inzwischen viele Zusammenstellungen dieser zusätzlichen Tools. [64] Sie können ferner helfen, das Unterrichtsangebot vorzubereiten, die Inhalte zu verwalten und zu präsentieren, sowie die Veranstaltung nachzubereiten. [65] Beachten Sie aber auch hier die jeweiligen Nutzungs- und Datenschutzbestimmungen.

Checkliste

> Welche Software soll für die Videokonferenz benutzt werden?

> Wer ist Ansprechpartner für technische Fragen beim Bildungsanbieter?

> Welche Regelungen gelten im Hinblick auf den Datenschutz?

> Wieviele Teilnehmende werden für die Veranstaltung erwartet?

> Reicht die Ihnen zur Verfügung stehende Bandbreite des Internets für die Veranstaltung aus?

➢ Welche Geräte (Computer, Mikrofon, Headset, Kamera usw.) sind vorhanden bzw. müssen noch beschafft werden?

➢ Welche externe Software soll zum Einsatz kommen? Welche Vorteile bietet sie zur Durchführung des Kurses sowie zur Erreichung der Lernziele?

5.2 Technische Einarbeitung

Als Lehrkraft müssen Sie wissen, welche Funktionen zur Verfügung stehen und welche nicht. Denn Sie übernehmen die Moderatorenrolle in der Videokonferenz. Kommt eine Lernplattform zum Einsatz, müssen Sie auch mit ihren Funktionen arbeiten. Für die Teilnehmenden sind Sie in beiden Fällen der erste Ansprechpartner und müssen auch auf technische Fragen der Bedienung vorbereitet sein. Ebenso müssen Sie mögliche Schwierigkeiten kennen, um auf technische Probleme reagieren zu können. Sonst entsteht schnell der Eindruck „Er/ Sie kann es ja selber nicht!" Das heißt, Ihre Kompetenz könnte leiden. Das kann letztlich nicht nur auf Sie, sondern auch auf den Bildungsanbieter zurückfallen, für den Sie tätig sind. Der Akzeptanz von Online-Veranstaltungen wäre das auch nicht förderlich.

Probieren Sie daher die technischen Möglichkeiten, die Sie einsetzen möchten, einige Zeit vor der Veranstaltung (nicht erst kurz zuvor!) aus.

Checkliste

> ➢ Stellt das Videokonferenzsystem alle Funktionen zur Verfügung, die Sie benötigen?

> ➢ Kennen Sie alle wesentlichen Funktionen des Systems und der eventuell eingesetzten externen Software?

> ➢ Können Sie den Teilnehmenden diese Funktionen erklären?

> ➢ Können Sie auf technische Schwierigkeiten reagieren?

5.3   Bildschirmfreigabe vs. Hochladen

Zwar bieten die meisten Videokonferenzsysteme die Möglichkeit, den Computer-Bildschirm des Moderators freizuschalten, um z. B. eine Präsentation direkt von der Festplatte Ihres Rechners zu starten. Oft ist es aber auch möglich, die Präsentation in den virtuellen Kursraum hochzuladen und von dort aufzurufen. Entscheiden Sie, ob bei einer Videokonferenz eine Bildschirmfreigabe notwendig ist oder ob Präsentationsmaterialien vor Kursbeginn in den Kursraum geladen und von dort aufgerufen werden sollen.

Beides kann Vor- und Nachteile haben, die Sie abwägen müssen: Die Freischaltung des Bildschirms kann sinnvoll sei, um Teilnehmenden die Bedienung eines EDV-Programms auf Ihrem Rechner zu erklären; ebenso, wenn eine in den Kursraum hochgeladene Präsentation z. B. für Teilnehmende über eine Tablet- oder Smartphone-App nicht sichtbar wäre.

Andererseits müssen Sie sich darüber klar sein, dass alle Teilnehmenden bei einer Bildschirmfreischaltung direkt auf Ihren Rechner blicken (z. B. Ihren Desktop sehen können, oder Ihre Ordnerstruktur, in der Sie nach einem Dokument suchen).

Wer bei der Bildschirmfreigabe unvorsichtig ist, kann schnell aus Versehen private oder geschäftliche Daten preisgeben! Das kann sehr unangenehm sein und wirkt unprofessionell!

Vergewissern Sie sich, ob hochgeladenes Material automatisch für die Teilnehmenden zum Download bereit steht oder ob diese Möglichkeit extra freigegeben oder gesperrt werden muss.

Checkliste

➢ Welche Variante ist für Ihre Zwecke sinnvoller: Bildschirmfreigabe oder Hochladen?

➢ Welche Vor- und Nachteile haben beide Varianten in Ihrem Fall?

➢ Muss die Downloadfunktion für die Teilnehmenden extra aktiviert/ deaktiviert werden?

5.4 Klärung einer Co-Moderation

Eine Co-Moderation kann Sie bei der Durchführung der Veranstaltung entlasten. Die Aufgaben können rein organisatorischer, aber auch inhaltlicher Art sein. Zum einen kann eine Co-Moderation mögliche technische Fragen der Teilnehmenden im Chat der Software beantworten oder inhaltliche Fragen im Chat an Sie zur Beantwortung weitergeben. Dann müssen Sie ihn nicht permanent während des Unterrichts im Blick haben. Dies empfiehlt sich bei Veranstaltungen mit großen Teilnehmerzahlen. Zum anderen kann die Co-Moderation zusätzliches inhaltliches Wissen einbringen. Möglich ist auch eine kurze, professionelle Begrüßung inklusive Vorstellung der Lehrkraft bei einem Vortrag. Sofern eine Co-Moderation eingesetzt werden soll, muss dies frühzeitig abgesprochen werden!

Checkliste

> ➢ Ist eine zusätzliche Moderation notwendig?

> ➢ Wer kommt dazu in Frage? Stellt der Bildungsanbieter eventuell selber eine Co-Moderation bereit?

> ➢ Haben Sie eine klare Aufgabenverteilung besprochen?

5.5 Kamerahintergrund

Sorgen Sie bei einer Videokonferenz für einen angenehmen, gut ausgeleuchteten Hintergrund Ihres Kamerabildes. Er ist Bestandteil des Kursraums und trägt zur Kurs- und Arbeitsatmosphäre bei.

Sofern der Hintergrund in der Software personalisiert werden kann, sollten Sie die Möglichkeiten vorher ausprobieren! Nicht alle Bilder und Farben sind geeignet! Eventuell kann auch das Logo des Bildungsanbieters eingebaut werden.

Sofern Sie aus dem Homeoffice arbeiten und kein individualisierter Hintergrund in der Software zur

Verfügung steht, sollte ihr Zimmerhintergrund neutral sein. Denn die Kamera überträgt Bilder aus Ihrer Wohnung.

Checkliste

> ➢ Stellt die eingesetzte Software einen personalisierten Hintergrund zur Verfügung?

> ➢ Haben Sie den vorgesehenen Hintergrund und die Lichtverhältnisse getestet?

> ➢ Was wird durch einen bestimmten Hintergrund ausgesagt? Wie wirkt er auf die Teilnehmenden?

5.6 Generalprobe

Wenn Sie sowohl die inhaltlichen als auch die technischen Details geklärt und die Videokonferenz vorbereitet haben, empfiehlt es sich, die Veranstaltung zu proben. Das ist nicht nur bei Online-, sondern auch bei Präsenzveranstaltungen sehr empfehlenswert. So können Sie mögliche inhaltliche Ungereimtheiten erkennen und bearbeiten. Ebenso werden Sie mit der Software und der sonstigen Technik vertraut. Dies empfiehlt sich besonders dann,

> ➢ wenn Sie nur wenig oder keine Erfahrungen mit Online-Veranstaltungen und/ oder mit dem eingesetzten Videokonferenzsystem besitzen,

> ➢ wenn das ausgearbeitete Thema für Sie neu ist.

Auf diese Weise können Sie böse Überraschungen im Seminar vermeiden. Indem Sie eine Veranstaltung zuvor durchsprechen, legen Sie sich gedanklich bereits bestimmte Begriffe und Satzkonstruktionen zurecht. An diese werden Sie sich bei der Durchführung der Veranstaltung erinnern, wodurch Ihre Rede flüssiger wird. Durch die Generalprobe entsteht zudem weitere Sicherheit, vor allem wenn Sie zuvor nervös sein sollten (was übrigens völlig normal ist).

Sofern Ihre Teilnehmenden wenig Erfahrung mit Videokonferenzen besitzen, kann es sinnvoll sein, auch für diese einen kurzen Trainingstermin durchzuführen. Dazu muss der virtuelle Kursraum natürlich zur Verfügung stehen, damit sie sich mit den Funktionen vertraut machen können. Denkbar ist auch, ihnen vor der Veranstaltung eine kurze Anleitung für die wichtigsten Funktionen zukommen zu lassen. [66]

Checkliste

> ➢ Beherrschen Sie die technischen Funktionen?

> ➢ Welche inhaltlichen und technischen Schwierigkeiten müssen noch gelöst werden?

> ➢ Lässt sich der Inhalt in der zur Verfügung stehende Zeit (inkl. Rückfragen, möglichen Gruppenarbeiten und Diskussion) tatsächlich behandeln?

> ➤ Welche inhaltlichen Punkte müssen überarbeitet, gekürzt oder detaillierter dargestellt werden?

> ➤ An welchen Stellen kann die Veranstaltung interaktiv gestaltet werden? Welche Methoden bieten sich dazu an?

> ➤ Erhalten die Teilnehmenden zuvor eine kurze Einweisung in das System, bzw. wird ihnen eine Anleitung zur Verfügung gestellt?

6   Zum Marketing

6.1   Ankündigungstexte

Um eine Veranstaltung anzukündigen, nutzen Bildungsanbieter unterschiedliche Formen der Bewerbung:

- ➢ das „klassische" Programmheft,
- ➢ die Homepage mit Online-Programm,
- ➢ Newsletter,
- ➢ Flyer,
- ➢ Plakate,
- ➢ Presse- und Rundfunkwerbung,
- ➢ Soziale Medien,
- ➢ regionale und überregionale Datenbanken.

Grundlage dazu ist in der Regel ein kurzer Ankündigungstext der Lehrkraft: Er sollte nicht mehr als 10 – 15 Zeilen umfassen. Der Veranstaltungsinhalt muss klar, sachlich, möglichst ohne Fremdworte und Metaphern präsentiert werden. Die Teilnehmenden sollen sich durch ihn angesprochen fühlen und motiviert werden, Ihre Veranstaltung zu besuchen. [67] Dazu können ein spannend aber nicht zu reißerisch formulierter Titel, sowie im Text ein oder zwei offen formulierte Fragen dienen. Lernziele und Nutzen müssen deutlich erwähnt werden, ebenso eventuell notwendige Vorkenntnisse. Die Teilnehmenden müssen insgesamt erwarten können, dass diese Veranstaltung ihre Fragen beantwortet und sie weiterbringt.

Sofern Sie ein Bild zur Illustration des Texte verwenden möchten, müssen Sie wieder Urheberrechte und Nutzungsbedingungen beachten. Eventuell kann der Ankündigungstext auch mit einem Dozentenporträt und einem Satz zu Ihrer Qualifikation ergänzt werden.

Checkliste

➢ Mit welchen Schlagworten kann der Inhalt der Veranstaltung beschrieben werden? Welche davon sollen im Ankündigungstext Verwendung finden?

➢ Warum und für wen ist die Veranstaltung wichtig?

➢ Welche Füllwörter können gestrichen werden, um den Text prägnanter zu formulieren?

➢ Wird aus dem Text deutlich, ob die Teilnehmenden fachliche Vorkenntnisse mitbringen müssen?

➢ Wird deutlich, dass es sich um eine Videokonferenz oder einen Livestream handelt?

6.2 Bewerbung durch die Lehrkraft

Zwar verläuft die Bewerbung in der Regel über die
Marketingkanäle des Bildungsanbieters für den Sie
tätig sind. Dennoch kann eine Bewerbung auf Ihrer
eigenen Homepage oder in Ihren eigenen Social-
Media-Kanälen eine sinnvolle Unterstützung dazu
sein. [68] Beachten Sie jedoch, dass Anmeldungen immer über den Bildungsanbieter laufen und Abwei-
chungen unbedingt abgesprochen werden müssen!

Checkliste

➢ Ist zusätzliche Werbung sinnvoll und überhaupt erwünscht?

➢ Welche Medien und Formate stehen dazu
zur Verfügung?

➢ Welche Zielgruppe kann dadurch erreicht
werden?

7   Kurz vor der Veranstaltung

7.1   Ausschalten nicht benötigter Programme

Grundsätzlich sollten Sie alle Anwendungsprogramme, die Sie nicht für die Videokonferenz benötigen, auf Ihrem Rechner ausschalten. Das gilt z. B. für E-Mails und Kalender sowie Bildbearbeitungssoftware. Da viele Programme rechenintensiv sind, kann sich ihr Parallelbetrieb negativ auf die Stabilität der Videokonferenz auswirken.

Besonders wenn Sie Ihren Bildschirm für eine Präsentation freigeben, ist er natürlich Teil des Kursraums. Pop-ups über eingehende E-Mails oder wichtige Termine im Kalender können den Seminarverlauf stören, vielleicht sogar peinlich sein, weil sie von allen gesehen werden können. Aufpoppende Erinnerungen an Ihren nächsten Termin beim Steuerberater oder persönliche Geburtstage sind nicht für die Allgemeinheit bestimmt! Ebenso sollten Sie bei geplantem Einsatz Ihres Internetbrowsers die Lesezeichenleiste ausblenden und die Chronik des Browserverlaufs löschen. Auch der Desktop-Hintergrund sollte neutral sein.

Dadurch schaffen Sie eine professionelle Arbeitsumgebung. Ihre eigene Privatsphäre und auch mögliche Geschäftsgeheimnisse werden geschützt.

Checkliste

> ➢ Welche im Hintergrund laufenden Anwendungsprogramme werden benötigt, welche nicht?

> ➢ Sind alle nicht benötigten Programme ausgeschaltet und mögliche Pop-ups unterdrückt?

7.2 Unterbindung privater Störungen

Besonders, wenn Sie die Veranstaltung im Homeoffice halten, empfehlen sich einige Vorsichtsmaßnahmen, um nicht während des Unterrichts gestört zu werden. Denn auch Ihre Wohnung, bzw. Ihr Büro ist Teil des Kursraums. Dazu zählen:

> ➢ Abschalten der Türklingel,

> ➢ Schließen der Balkon- oder Gartentür, da der Nachbar nebenan den Rasen mäht,

> ➢ Stummschalten oder Umleiten des Festnetz- und Mobiltelefons,

> ➢ Ausschalten von Geschirrspüler und Waschmaschine, da sie Nebengeräusche verursachen und die Beendigung ihrer Arbeit durch einen Signalton anzeigen,

> die Information von Familienangehörigen oder Mitbewohnern, in der Zeit des Seminars nicht zu stören (eventuell durch ein Türschild).

Ähnliche Präventivmaßnahmen wie Stummschalten oder Umleiten des Telefons und die Absage von Terminen gelten auch für den Fall, dass Sie aus einem Büro unterrichten.

Wer beruflich viel unterwegs ist und die Veranstaltung außerhalb seiner Wohnung oder seines Büros halten möchte, muss sich dazu an einen ruhigen Ort zurückziehen. Öffentliche Orte und Bibliotheken erscheinen aufgrund des Publikumsverkehrs nicht geeignet!

Checkliste

> Welche Störquellen könnten auftreten?

> Wie können sie vermieden werden?

> Sind alle technischen Geräte ausgeschaltet, die Geräusche und Signaltöne verursachen können?

> Ist der gewählte Unterrichtsort ruhig genug für die Veranstaltung?

7.3 Empfang der Teilnehmenden

Eine Veranstaltung aus dem Homeoffice zu halten verführt dazu, manche Dinge lockerer zu sehen, als wenn Sie in einem Seminarraum vor den Teilnehmenden stehen. Um nicht in diese Falle zu tappen, sollten Sie die Kleidungsetikette beachten. Wer im Seminarraum zum Beispiel mit Hemd und Jackett auftritt, sollte das bei einer Videokonferenz ebenfalls tun! Das T-Shirt mit dem Aufdruck Ihrer Lieblingsband ist fehl am Platze. Dabei geht es nicht nur um den berühmten ersten Eindruck, der sich bei den Teilnehmenden sicher einprägt. [69] Ein zu lockerer Umgang könnte einer Veranstaltung schnell ihre Ernsthaftigkeit nehmen.

Seien Sie bereits einige Zeit vor Beginn im virtuellen Kursraum. Checken Sie Ihr Videobild, sowie Lautsprecher und Mikrofon. Manche Teilnehmenden schalten sich ebenfalls früher ein. Führen Sie ein wenig Small Talk mit Ihnen. Auf diese Weise lockern Sie die Stimmung. Die Teilnehmenden fühlen sich betreut, besonders wenn sie noch keine oder nur wenig Erfahrung mit Online-Veranstaltungen besitzen. Sie können dabei wichtige Informationen über Erwartungshaltungen erfahren. Eventuell können technische Probleme oder Fragen schon vorab geklärt werden. [70]

Checkliste

> ➤ Passt Ihr Outfit zur Veranstaltung?

> ➤ Haben die Teilnehmenden bereits an einer Online-Veranstaltung teilgenommen?

> ➤ Gibt es Verbindungsschwierigkeiten?

> ➤ Wie vertraut sind die Teilnehmenden im Umgang mit der Software?

> ➤ Welche Erwartungen haben die Teilnehmenden an die Veranstaltung?

8   Durchführung der Veranstaltung

8.1   Vorstellung und kurze Einweisung

Nach einer offiziellen Begrüßung, mit der die Videokonferenz pünktlich startet, sollten Sie sich den Teilnehmenden mit wenigen Worten vorstellen. Dies
muss unbedingt kurz gehalten werden! Ansonsten
kann es schnell als unangemessene Selbstdarstel-
lung wirken und Sie verlieren Zeit für den Inhalt!

Wenn Sie schon Videokonferenzen durchgeführt
oder an ihnen teilgenommen haben, wird Ihnen sicher aufgefallen sein, dass sowohl Teilnehmende als
auch Moderatoren immer ein wenig nach unten
schauen. Denn sie betrachten ihren Bildschirm. Die
Kamera ist in der Regel aber über dem Bildschirm
montiert! Hier gibt es eine kleine Falle, der Sie als
Moderator entgehen sollten. Denn wenn Sie beim
Sprechen direkt in die Kamera schauen, also in der
Regel auf den oberen Rand des Bildschirms, blickt
Ihr Videobild, dass bei den Teilnehmenden erscheint, diese direkt an. [71] Das lässt sich natürlich

nicht während der gesamten Veranstaltung durchhalten. Aber auch auf diese Weise können Sie die Interaktivität verbessern. Auch wenn Sie eine Präsenzveranstaltung halten, sollten Sie die Teilnehmenden direkt anschauen. Dies vermittelt in beiden Fällen ein Gefühl von Kontrolle, erzeugt Aufmerksamkeit und aktives Zuhören. [72]

Besonders, wenn die Teilnehmenden neu sind und nur wenig oder keine Erfahrung mit Online-Veranstaltungen besitzen, empfiehlt es sich, dass Sie auf die in der Software zur Verfügung stehenden Möglichkeiten hinweisen, sofern diese für Ihre Veranstaltung relevant sind. Dies kann erleichtert, vielleicht sogar überflüssig werden, wenn Sie den Teilnehmenden bereits vor der Veranstaltung eine kurze Anleitung zugeschickt haben.

Vor allem sollten Sie eine klare Regel festlegen, wie sich die Teilnehmenden zu Wort melden können. Dies kann durch einen entsprechenden „Meldebutton" geschehen, den die Software zur Verfügung stellt, oder durch das einfache Heben der Hand im eingeschalteten Videobild. Letzteres ist bei kleineren Teilnehmergruppen durchaus machbar, wenn Sie deren Videos alle im Blick haben.

Ebenso sollten Sie die Teilnehmenden darauf hinweisen, ihr Mikrofon nur bei Wortmeldungen einzuschalten. [73] Wenn es ansonsten stumm geschaltet ist, können störende Rückkopplungen und Verzerrungen vermieden werden. Das hilft, die Lernatmosphäre angenehmer zu gestalten.

Beachten Sie, dass die Einweisungen kurz gehalten werden! Ansonsten verlieren Sie Zeit, die für die inhaltliche Vermittlung vorgesehen ist und Sie langweilen Teilnehmende, die sich bereits mit der Software auskennen!

Je nach Kurskonzept und Gruppengröße kann nun eine Vorstellungsrunde der Teilnehmenden erfolgen. Anschließend sollten Sie einen kurzen Überblick über die Lernziele und die thematische Gliederung der Veranstaltung geben. Dies hilft bei der Orientierung. Ebenso können Fragen und Unsicherheiten der Teilnehmenden zu diesen Punkten geklärt werden.

Checkliste

➢ Kennen die Teilnehmenden Sie als Lehrkraft?

➢ Kennen die Teilnehmenden die Verhaltensregeln und technischen Funktionen in der Veranstaltung?

➢ Wissen die Teilnehmenden insbesondere wie sie Kamera und Ton aktivieren/ deaktivieren und wie sie sich für Beiträge zu Wort melden können?

➢ Sind alle wichtigen organisatorischen Fragen geklärt (beispielsweise Pausen)?

➢ Ist eine Vorstellungsrunde der Teilnehmenden notwendig oder sinnvoll?

➢ Kennen die Teilnehmenden die thematische Gliederung der Veranstaltung?

8.2 Angemessener Medieneinsatz

Je nach Zielgruppe und Inhalt empfiehlt sich der abgestimmte Einsatz unterschiedlicher Medien. Sie können z. B. eine Powerpoint-Präsentation, Videoclips und das Whiteboard verwenden. Die Sachverhalte werden dadurch anschaulich und abwechslungsreich visualisiert. Je nach Software und Unterrichtskonzept ist auch das gemeinsame Arbeiten an einem Dokument sinnvoll.

Wenn Sie Handouts oder Arbeitsblätter einsetzen, müssen sie die Teilnehmenden entweder schon vor der Veranstaltung erhalten haben, oder sie müssen zum Download zur Verfügung stehen. Wenn Sie die Handouts erst nach der Veranstaltung zur Verfügung stellen möchten, sollten Sie die Teilnehmenden darauf hinweisen. Denn auch bei der Frage, ob es Handouts gibt, gehen manche Teilnehmenden mit einer Erwartungshaltung in die Veranstaltung.

Checkliste

> ➢ Welche Medien/ Arbeitsblätter sollen eingesetzt werden?

> ➢ Sind Sie mit den technischen Funktionen vertraut?

> ➢ Wie ist die Arbeit mit Handouts und Arbeitsblättern geregelt?

8.3 Interaktivität

Um die Veranstaltung inspirierend und effektiv zu gestalten, empfiehlt sich der Einsatz unterschiedlicher Methoden. So können sich Vortrag, Gruppenarbeit und Diskussion abwechseln, wodurch auch unterschiedliche Lerntypen angesprochen werden. Für Gruppenarbeiten bieten manche Videokonferenz-Programme Gruppenräume an.

Um die Teilnehmenden „abzuholen", können Sie auch Informationen über Vorkenntnisse und Erwartungshaltungen in ihren Unterricht einbauen, die Sie aus einem möglichen Small Talk vor der der Veranstaltung erfahren haben.

Machen Sie bewusst von der Intonation Ihrer Stimme Gebrauch. Denn der Körpersprache sind bei Videokonferenzen Grenzen gesetzt.

Das Ende inhaltlicher Abschnitte eines Vortrags sollte für kurze Fragerunden genutzt werden, um Verständnisschwierigkeiten zu klären. Beachten Sie aber, dass mögliche Diskussionen während der inhaltlichen Präsentation kurz gehalten werden. Sonst drohen sie schnell den zeitlichen Verlauf zu sprengen! Vertiefte oder thematisch ausgreifende Diskussionen sollen ans Ende der Veranstaltung gesetzt werden! Sonst besteht die Gefahr, dass sie Ihr Konzept torpedieren und Sie vielleicht sogar den roten Faden verlieren!

Checkliste

➢ Welche Methoden setzen Sie ein?

➢ Ist ausreichend Zeit für Fragen der Teilnehmenden eingeplant?

➢ Wissen die Teilnehmenden, wie sie sich zu Wort melden können?

> Bieten sich Gruppenarbeiten zu speziellen Themenkomplexen an? Gibt es virtuelle Gruppenräume, die das ermöglichen?

> Haben Sie Fragen vorbereitet, um das Verständnis zu testen oder eine Diskussion anzustoßen?

> Besitzen Sie ausreichend inhaltliches Hintergrundwissen, um auf Fragen und Einwände reagieren zu können?

> Nutzen Sie ein technisches Umfragetool?

8.4 Ende der Veranstaltung

Grundsätzlich sollten am Ende alle in der Veranstaltung erarbeiteten Ergebnisse durch ein Fazit nochmals zusammengetragen werden. Dies hilft den Teilnehmenden bei der Rekapitulation komplexer Themen.

Je nach Konzeption der Veranstaltung kann am Ende eine Diskussionsrunde folgen. Sie dient der Klärung offener oder weiterführender Fragen. Ebenso kann sie einen Eindruck darüber bieten, ob die vermittelten Inhalte verstanden und die Lernziele erreicht wurden.

Manchmal reagieren Gruppen zunächst verhalten, wenn sich die Teilnehmenden zu Wort melden sollen: Wer fängt an? Um hier das Eis zu brechen empfiehlt es sich, dass Sie selber vorbereitete Fragen an die Teilnehmenden stellen, um sie zu aktivieren.

Gerade in großen Teilnehmergruppen ist bei Diskussionen nicht immer klar, wer gerade spricht, da das

Videobild manchmal nicht schnell genug umschaltet. Für diese Fälle ist es sinnvoll, dass die aktiven Teilnehmenden vor ihrem eigentlichen Beitrag kurz ihren Namen nennen. [74] Das Verfahren ähnelt der Diskussion einer größeren Teilnehmergruppe bei einer Präsenzveranstaltung: Wenn aus der zehnten Stuhlreihe jemand für eine Wortmeldung aufsteht, sollte er ebenfalls seinen Namen nennen. Denn nicht alle Anwesenden kennen sich und man möchte natürlich wissen, mit wem man es zu tun hat.

Durch Abschlussdiskussionen werden die Teilnehmenden nicht mit Fragen und Einwänden allein gelassen. Sie erhalten bzw. vertiefen Wissen und fühlen sich nicht durch ein mögliches abruptes Ende ohne Aussprache aus der Veranstaltung katapultiert.

Sofern Wissen zur alltäglichen Anwendung erworben wurde, können sich die Teilnehmenden darüber austauschen, wie sie es im Alltag oder ihrer Berufspraxis anwenden werden. Durch eine Blitzlichtrunde kann eine Bewertung der Veranstaltung als Feedback eingeholt werden. [75]

Sind weitere Termine zu dieser Veranstaltung oder innerhalb einer Veranstaltungsreihe geplant, sollten Sie die Teilnehmenden auf diese hinweisen. Sie merken sich die Daten vor und melden sich bei Interesse erneut an. Die Ankündigung sollten sie auch für Veranstaltungen durchführen, bei denen eventuell eine andere Lehrkraft zum Einsatz kommt. Denn bei nächster Gelegenheit könnte sich das positiv auf die Bewerbung Ihrer eigenen Kurse auswirken.

Checkliste

- ➢ Sind weitere Termine geplant?

- ➢ Gibt es seitens der Teilnehmenden Bedarf nach einer Wiederholung oder Fortführung der Veranstaltung?

- ➢ Gibt es eventuell eine Warteliste mit interessierten Personen?

- ➢ Ist eine weitere Veranstaltung geplant, für die noch Teilnehmende gesucht werden?

- ➢ An wen können sich die Teilnehmenden bei weitergehenden Fragen wenden?

9 Nach der Veranstaltung

9.1 Feedback und Nachbereitung

Weisen Sie die Teilnehmenden auf die Möglichkeit eines Feedbacks zur Veranstaltung hin. Dazu sollten Sie oder der Bildungsanbieter Feedback-Formulare vorbereitet haben, die sich die Teilnehmenden entweder im Online-Kursraum herunterladen können, oder die ihnen als E-Mail zugeschickt werden. Ebenso ist es möglich, für ein kurzes Feedback die Umfragefunktion zu nutzen, sofern sie im Videokonferenzsystem oder in Form einer externen Software zur Verfügung steht.

Das Feedback der Teilnehmenden ist Teil des Qualitätsmanagement. Es kann sowohl Ihnen aber auch dem Bildungsanbieter wertvolle Rückmeldungen geben. Bewertet werden könnte die Zufriedenheit mit folgenden Bereichen:

> ➢ *Inhalt:* Informationsgehalt, zeitlicher Umfang.

> *Vermittlung:* fachliche und pädagogische Kompetenz.

> *Technik:* Funktion und Bedienung des Videokonferenzsystems.

Es empfiehlt sich, für Fragen des Feedbackbogens nicht nur Antwortmöglichkeiten wie „sehr gut"/ „angemessen"/ „mangelhaft" oder ähnliches vorzugeben, sondern für die Befragten auch die Möglichkeit vorzusehen, kurze Erklärungen zu ihrer Antwort zu schreiben.

Checkliste

> Wie soll das Feedback durchgeführt werden: Durch Formulare, die der Bildungsanbieter zur Verfügung stellt? Haben Sie selber einen Fragebogen vorbereitet?

> Möchten Sie für ein Feedback die Umfragefunktion nutzten, die eventuell das Konferenzsystem zur Verfügung stellt?

> Was lief in der zu bewertenden Veranstaltung aus Ihrer Sicht sowie aus der Sicht der Teilnehmenden gut oder schlecht? Was kann für kommende Veranstaltungen beibehalten oder ausgebaut werden? Was muss verändert werden?

9.2 Handouts und weiterführendes Material

Wenn Sie sich entschieden haben, Kursmaterialien erst nach Beendigung der Veranstaltung an die Teil-

nehmenden auszuteilen, können Sie dies gemeinsam mit den Feedback-Bögen tun.

Checkliste

> ➤ Wird die Verteilung des Zusatzmaterials
> über den Bildungsanbieter oder durch Sie
> persönlich durchgeführt?

> ➤ Würden Sie – in Absprache mit dem Bil-
> dungsanbieter – auch nach dem Seminar für
> weitergehende Fragen der Teilnehmenden
> zur Verfügung stehen?

10   Troubleshooting

10.1   Die Internetverbindung ist nicht stabil

Je nach zur Verfügung stehender Bandbreite des Internets könnte das Datenaufkommen während der Videokonferenz zu hoch sein.

Mögliche Lösungen

> ➢ Bewahren Sie bei allen Schwierigkeiten Ruhe!

> ➢ Das Problem kann eventuell behoben werden, indem die Teilnehmenden ihre Videobilder ausschalten.

> ➢ Sofern zuvor über WLAN gearbeitet worden ist, kann das Problem vielleicht dadurch behoben werden, indem Sie (und die Teilnehmenden) stattdessen ein LAN-Kabel zwischen Router und Laptop benutzen.

➢ Wenn das Problem nur bei einzelnen Teilnehmenden auftritt kann es eventuell dadurch gelöst werden, dass die Person kurzfristig die Veranstaltung verlässt und sich erneut anmeldet. Vielleicht laufen auf dem Rechner auch Hintergrundprogramme, die den Arbeitsspeicher belegen?

➢ Um die Veranstaltungsgruppe auch bei einem – selten passierenden – völligen Zusammenbruch der Verbindung erreichen und koordinieren zu können empfiehlt es sich, dass Sie sich vor Beginn vom Bildungsanbieter eine Telefonliste aller Teilnehmenden geben lassen. Auch dabei müssen selbstverständlich die geltenden Datenschutzbestimmungen eingehalten werden.

10.2 Es gibt Hintergrundgeräusche und Verzerrungen

Alle Teilnehmenden besitzen über ihren Computer, ihr Tabletcomputer oder Smartphone, mit dem sie an der Veranstaltung teilnehmen, sowohl Mikrofon als auch Lautsprecher. Durch deren gleichzeitigen Betrieb werden Geräusche aus dem Lautsprecher über das Mikrofon wieder an die Gruppe gesendet. Auf diese Weise kann es schnell zu Rückkopplungen und Verzerrungen kommen.

Mögliche Lösungen

➢ Die Teilnehmenden schalten während der Veranstaltung ihr Mikrofon stumm. Je nach

Software kann dies durch Sie als Lehrkraft auch für alle gleichzeitig erfolgen, z. T. schon beim Eintritt in den Kursraum. So werden Rückkopplungen unterbunden. Für Diskussionsrunden müssen die Mikrofone natürlich wieder freigegeben werden.

➢ Ebenso können Rückkopplungen unterbunden werden, indem Sie und die Teilnehmenden Kopfhörer benutzen. Dann werden Geräusche, die über die Lautsprecher aus dem Unterrichtsraum hörbar gewesen sind, nur noch über Kopfhörer empfangen und nicht wieder über das Mikrofon in den Unterrichtsraum zurück gesendet.

10.3 Einzelne Teilnehmende haben technische Probleme

Eventuell sind die Teilnehmenden im Umgang mit den Funktionen der Software (einschalten des Mikrofons oder der Kamera etc.) unerfahren.

Vielleicht gibt es aber auch Fehleinstellungen an ihrem Computer (Cookies, Firewall, fehlende Freigaben o. ä.).

Beachten Sie, dass Ihre Einflussmöglichkeit auf technische Schwierigkeiten auf den Geräten der teilnehmenden Personen begrenzt ist. Eine Problemlösung sollte komplexe Einstellungsdetails der Antivirensoftware oder der Firewall nicht behandeln. Ferndiagnosen und Fernwartungen im Rahmen der Veranstaltung sind von Ihnen nicht zu leisten!

Mögliche Lösungen

> ➢ Wenn es eine Co-Moderation gibt, kann diese über den Chat oder eventuell telefonisch das Problem lösen.

> ➢ Eventuell kann das Problem gelöst werden, indem Sie eine bestimmte Funktion kurz zu Beginn der Veranstaltung oder kurz zwischendurch erklären.

> ➢ Stabilitätsprobleme der Verbindung können vielleicht durch kurzzeitiges Ab- und erneutes Anmelden aus dem virtuellen Kursraum gelöst werden.

10.4 Teilnehmende möchten die Veranstaltung aufzeichnen

Vorsicht mit der Aufzeichnungsfunktion mancher Videokonferenztools! Dabei sind auf jeden Fall Aspekte des Datenschutzes, der Datensicherheit und des Urheberrechts betroffen! Außerdem haben weder der Bildungsanbieter noch Sie einen Überblick darüber, was mit dem Mitschnitt anschließend wirklich geschieht!

In den AGBs vieler Bildungsanbieter sind Ton- und Videoaufnahmen durch Teilnehmende ausgeschlossen und nur nach vorheriger schriftlicher Genehmigung des Bildungsanbieters, dem Einverständnis der Lehrkraft sowie aller Teilnehmenden erlaubt.

Mögliche Lösungen

> ➢ Wenn es den Teilnehmenden bei der Auf-
> nahme um die Nachbereitung des Themas
> geht, ist dieser Wunsch verständlich. Alter-
> nativ zu einer Aufzeichnung kann ihnen aber
> auch ein ausführliches Handout zur Verfü-
> gung gestellt werden.

> ➢ Manche Videokonferenztools, die eine Auf-
> zeichnungsfunktion besitzen, bieten die
> Möglichkeit, diese von vornherein zu deakti-
> vieren. Machen Sie sich bei der Vorberei-
> tung auch mit dieser Funktion vertraut!

10.5 Eine Funktion der Software funktioniert nicht

Vielleicht haben Sie diese Funktion bei der Vorbereitung nicht ausreichend getestet? Es kann aber auch
aktuell eine Fehlfunktion vorliegen.

Mögliche Lösungen

> ➢ Bereiten Sie die Veranstaltung umfassend
> vor, arbeiten Sie sich in die Funktionen der
> Software ein und testen Sie diese in einer
> Generalprobe.

> ➢ Nutzen Sie keine Funktionen spontan, in de-
> ren Handhabung Sie unsicher sind!

> ➢ Sollte aktuell ein Software-Fehler vorliegen,
> muss kurzfristig auf die entsprechende
> Funktion verzichtet werden. Eventuell kann
> spontan eine Alternative gefunden werden.

10.6 Teilnehmende erscheinen unaufmerksam

Videobilder schaffen nicht nur Interaktivität, sondern auch soziale Kontrolle. [76] Wenn Sie auf den Videos sehen, dass Teilnehmende anscheinend ermüden oder mit anderen Dingen beschäftigt sind, kann dies an fehlender Interaktivität der Veranstaltung liegen. Signale der Unaufmerksamkeit oder des Desinteresses können sein, dass die Teilnehmenden nicht mehr auf den Bildschirm ihres Computers schauen, anscheinend mit einer zweiten Person im Raum sprechen, oder den Platz vor ihrem Computer verlassen. [77]

Eine Ermüdung kann auch je nach Alter der Teilnehmenden, sowie nach Komplexität und Länge der Veranstaltung eintreten. Beachten Sie aber, dass es sowohl bei Präsenz- als auch bei Online-Veranstaltungen Teilnehmende gibt, die die Augen schließen, um sich auf einen Vortrag zu konzentrieren. Sie schlafen keineswegs ein, sondern folgen der Veranstaltung sehr aufmerksam – das kann schnell zu Missverständnissen führen!

Bei mehrteiligen Veranstaltungen mit mehreren Terminen kann es sein, dass Teilnehmende sich permanent zu spät einschalten oder manche der Veranstaltung irgendwann komplett fernbleiben. Teilnehmerschwund liegt auch vor, wenn Teilnehmende eine laufende Veranstaltung verlassen, indem sie sich aus dem virtuellen Unterrichtsraum abmelden.

Mögliche Lösungen

> ➢ Gehen Sie auf die Teilnehmergruppe zu und fragen Sie nach, was geändert werden soll.

Dazu eignet sich zum Beispiel die Blitzlicht-Methode.

> Eventuell empfiehlt es sich, während der Veranstaltung eine kurze Kaffee- oder Toilettenpause einzuplanen. Sie kann von vornherein organisatorisch vorgesehen und zu Beginn der Veranstaltung angekündigt werden.

> Sollten Teilnehmende die Veranstaltung verlassen, muss dies nicht in Ihrer Verantwortung als Lehrkraft liegen. Eventuell haben sie noch andere Termine. Dies liegt in jedem Fall in der Verantwortung der Teilnehmenden!

10.7 Sie erhalten negatives Feedback

Angesichts einer größeren Zahl an Teilnehmenden, die alle individuelle Erwartungen, Vorlieben und Vorkenntnisse haben, ist es durchaus möglich, das Feedbackbögen unterschiedlich ausfallen können.

Mögliche Lösungen

> Auch bei Kritik und negativem Feedback gilt es, Ruhe zu bewahren!

> Sie sollten die Urteile jedoch nicht auf die leichte Schulter nehmen, sondern sich professionell damit auseinandersetzen. Vielleicht ist die Kritik ja berechtigt? Dann sollten Sie diese als Möglichkeit nutzen, zu lernen, um Ihre Veranstaltung künftig noch pro-

fessioneller zu gestalten. Sie müssen die Kritik in jedem Fall aufarbeiten!

11 Quellen

1   Wößmann u. a., 2020, S. 12; Schmitt/ Kühnert, 04.06.2020.

2   Wößmann u. a., 2020, S. 7 und 14.

3   Wößmann u. a., 2020, S. 3.

4   vgl. Wößmann u. a., 2020, S. 10 – 11.

5   Al-Mafaalani, 24.08.2020, S. 29.

6   Al-Mafaalani, 24.08.2020, S. 29; vgl. Schmidt/ Kühnert, 04.06.2020.

7   Schmidt/ Kühnert, 04.06.2020.

8   Leopoldina, 2020, S. 9 und 12.

9   Wößmann u. a., 2020, S. 14.

10 Sattler, 2020, S. 26.

11 Sattler, 2020, S. 27.

12 Zanker, 2020, S. 2.

13 vgl. Deutscher Volkshochschul-Verband, o. J., S. 5 – 7.

14 Deutscher Volkshochschul-Verband, 09.05.2020.

15 Bundesamt für Sicherheit in der Informationstechnik, 2020; Stiftung Warentest, 13.05.2020; Landesbeauftragter für Datenschutz und Informationsfreiheit Baden-Württemberg, 17.04.2020.

16 Deutscher Volkshochschul-Verband, 05.12.2019, S. 5.

17 vgl. Bertelsmann Stiftung, 2020, S. 10.

18 Europäische Union, 27.04.2016.

19 Deutscher Volkshochschul-Verband, 2011, S. 49.

20 Schmidt/ Kühnert, 04.06.2020.

21 Bett, o. J., S. 5.

22 Bett, o. J., S. 7.

23 vgl. Bett, o. J., S. 6.

24 Harnacke, 2020, S. 12

25 vgl. Kühnert, 16.09.2019.

26 vgl. Hessisches Ministerium für Wirtschaft, 2019, S. 11.

27 vgl. Bertelsmann Stiftung, 2020, S. 7 – 8; Leopoldina, 2020, S. 12.

28 vgl. Weidenmann, 2011, S. 168.

29 nach: Nuissl/ Siebert, 2013, S. 90.

30 vgl. Nuissl/ Siebert, S. 70 – 71; Lipp, S. 15 – 17.

31 Erpenbeck u. a., 2015.

32 vgl. Bertelsmann Stiftung, 2020, S. 9.

33 vgl. Döring, 2008, S. 19.

34 Nuissl/ Siebert, S. 64.

35 Lienhart, 2019, S. 34.

36 vgl. Weidenmann 2011, S. 50 – 137; Döring, 2008, S. 58 – 60.

37 Lienhart, 2019, S. 11.

38 Lienhart, 2019, S. 12.

39 vgl. Nimmerfroh, o. J.

40 vgl. Röck, 2019; Beermann u. a., 2019; Weidenmann 2015; Lienhart, 2019, S. 185 – 250.

41 vgl. Harnacke, 2020, S. 42.

42 vgl. Lienhart, 2019, S. 188.

43 vgl. Lienhart, 2019, S. 194.

44 vgl. Amon, 2000.

45 Schmitt-Ackermann, 2004, S. 132 – 135.

46 Harnacke, 2020, 50 – 51.

47 Schmitt-Ackermann, 2004, S. 163 – 164.

48 Schmitt-Ackermann, 2004, S. 166 – 167.

49 vgl. Gehring, 2008, S. 223 – 230; Creative Commons, 2020.

50 Creative Commons. CC Germany.

51 Wikimedia Commons.

52 vgl. Nuissl/ Siebert, 2013, S. 88; vgl. Döring, 2008, S. 36.

53 vgl. Bett, o. J., S. 9.

54 vgl. Lienhart, 2019, S. 83 – 84; Bett, o. J., S. 8.

55 Döring, 2008, S. 56.

56 vgl. Schulze, 2020; Bett, o. J.; Göllner/ Kammerer, 2018, S. 16.

57 Döring, 2008, S. 56.

58 Schmitt/ Kühnert, 04.06.2020.

59 Bundeszentrale für politische Bildung; Neubert, 2017, S. 206 – 216.

60 Frost/ Hirsch, 10.01.2018.

61 Stiftung Warentest, 13.05.2020.

62 Mierke, 23.03.2020.

63 Bundesamt für Sicherheit in der Informationstechnik, 2020; Stiftung Warentest, 13.05.2020.

64 Schulze, 2020; Stagge, 2019.

65 Narr, 2016, S. 5.

66 Schulze, 2020.

67 vgl. Nuissl/ Siebert, 2013, S. 100 – 101.

68 vgl. Nuissl/ Siebert, 2013, S. 102.

69 vgl. Harnacke, 2020, S. 31 – 34.

70 Göllner/ Kammerer, 2018, S. 24.

71 Harnacke, 2020, S. 33.

72 Schmitt-Ackermann, 2004, S. 135.

73 Schulze, 2020.

74 Harnacke, 2020, S. 42.

75 Lienhart, 2019, S. 136 – 139.

76 Harnacke, 2020, S. 97.

77 vgl. Nuissl/ Siebert, S. 126.

12 Literaturverzeichnis

Al-Mafaalani, Aladin: „Lasst die Lehrkräfte in Ruhe, aber nicht die Schulen", in: APuZ 35 – 37: Corona-Krise (21.08.2020), S. 29 – 32 [https://www.bpb.de/apuz/314349/lasst-die-lehrkraefte-in-ruhe-aber-nicht-die-schulen].

Amon, Ingrid: Die Macht der Stimme. Persönlichkeit durch Klang, Volumen und Dynamik, Wien/ Frankfurt (2000).

Beermann, Susanne/ Schubach, Monika/ Tornow, Ortrud: Spiele für Workshops und Seminare, 3. Auflage, Planegg 2019.

Bett, Katja: Webinare. Eintagsfliege oder dauerhafte Chance für motiviertes Lernen, o. J. [http://www.didactic-design.de/wp-content/uploads/344DE_WP_E-Learning-mit-Webinaren.pdf].

Bundesamt für Sicherheit in der Informations-technik: Kompendium Videokonferenz-systeme, Bonn 2020
[https://www.bsi.bund.de/SharedDocs/Downloads/DE/BSI/Cyber-Sicherheit/Themen/Kompendium-Videokonferenzsysteme.pdf?__blob=publicationFile&v=4].

Bundeszentrale für politische Bildung: Open Educational Ressources – OER
[https://www.bpb.de/lernen/digitale-bildung/werkstatt/222073/open-educational-resources-oer].

Creative Commons. CC Germany
[https://de.creativecommons.net].

Deutscher Volkshochschul-Verband (Hg.): Die Volkshochschule – Bildung in öffentlicher Verantwortung, Bonn 2011.

Deutscher Volkshochschul-Verband: Anregungen zur Umsetzung digitaler Kurse. Übersicht zu Übungen, digitalen Tools und Projekt-ideen, o. J.
[https://www.volkshochschule.de/medien/downloads/verbandswelt/projekte/praevention-und-gesellschaftlicher-zusammenhalt/DVV-PGZ_Anregungen-zur-Umsetzung-digitaler-Kurse.pdf].

Deutscher Volkshochschul-Verband: Manifest zur digitalen Transformation von Volkshochschulen, 05.12.2019
[https://www.volkshochschule.de/medien/downloads/verbandswelt/digital-

isierungsstrategie/
Manifest_Digitale_Transformation.pdf].

Deutscher Volkshochschul-Verband: Was gibt es
bei Videokonferenz-Tools für kontaktlose
talentCampus-Projekte zu bedenken
(09.05.2020)
[https://www.volkshochschule.de/medien/
downloads/verbandswelt/projekte/talent-
campus/materialbox-talentcampus/
20200509_tC_Handreichung_Videokon-
ferenz-Tools.pdf].

Döring, Klaus W.: Handbuch Lehren und Trainieren
in der Weiterbildung, Weinheim/ Basel
2008.

Erpenbeck, John/ Sauter, Simon/ Sauter, Werner:
E-Learning und Blended Learning. Selbst-
gesteuerte Lernprozesse zum Wis-
sensaufbau und zur Qualifizierung, Wies-
baden 2015.

Europäische Union: Verordnung (EU) 2016/679
des Europäischen Parlaments und des
Rates vom 27. April 2016 zum Schutz na-
türlicher Personen bei der Verarbeitung
personenbezogener Daten, zum freien Da-
tenverkehr und zur Aufhebung der Richtli-
nie 95/46/EG (Datenschutz-Grundverord-
nung)
[https://eur-lex.europa.eu/eli/reg/2016/679/
oj?locale=de].

Frost, Birgit/ Hirsch, Nele: Drei Checklisten zur
Qualitätsbestimmung und -entwicklung
von OER (10.01.2018)

[https://www.bpb.de/lernen/digitale-bildung/werkstatt/262714/drei-checklisten-zur-qualitaetsbestimmung-und-entwicklung-von-oer].

Gehring, Robert A.: „Die Creative Commons-Initiative", in: Urheberrecht im Alltag. Kopieren, bearbeiten, selber machen, hg. von Valie Djordjevic u. a., 2. Auflage, Bonn 2008, S. 223 – 230.

Göllner, Maximilian/ Kammerer, Lisa: Webinare in der Erwachsenenbildung: Konzeption, Gestaltung und Umsetzung. Beiträge zur Weiterbildungsdiskussion, Berlin 2018. [https://www.kos-qualitaet.de/media/de/Kos_Weiter_gelernt_Heft_12_Webinare.pdf].

Harnacke, Uli: Online-Meetings und Seminare – Effizient und fesselnd gestalten, Freiburg 2020.

Hessisches Ministerium für Wirtschaft, Energie, Verkehr und Wohnen (Hg.): Berufliche Weiterbildung im Zeitalter der Digitalen Transformation. Leitfaden für Weiterbildungsanbieter 2019 (2019) [https://www.wb-hessen.de/fileadmin/Bilder/Projekte/Digitalisierung/20190722_Leitfaden_Digi_fuer_Bildungsanbieter_Web.pdf].

Kühnert, Theresa: „Erweiterte Lernwelten: Die VHS als Lernort der Zukunft", in: Digitale Bildung in der Praxis (16.09.2019) [https://www.bpb.de/lernen/digitale-bildung/werkstatt/296819/erweiterte-lernwelten-die-vhs-als-lernort-der-zukunft].

Landesbeauftragter für Datenschutz und Informationsfreiheit Baden Württemberg: Datenschutzfreundliche technische Möglichkeiten der Kommunikation
(17.04.2020)
[https://www.baden-wuerttemberg.datenschutz.de/datenschutzfreundliche-technische-moeglichkeiten-der-kommunikation/].

Leopoldina. Nationale Akademie der Wissenschaften: 5. Ad-hoc-Stellungnahme. Coronavirus-Pandemie: Für ein krisenresistentes Bildungssystem (05.08.2020)
[https://www.leopoldina.org/uploads/tx_leopublication/2020_08_05_Leopoldina_Stellungnahme_Coronavirus_Bildung.pdf].

Lienhart, Andrea: Seminare, Trainings und Workshops lebendig gestalten, 3. Auflage, Freiburg 2019.

Lipp, Ulrich: 100 Tipps für Training und Seminar, Weinheim/ Basel 2008.

Mierke, Michael: Videokonferenz-Tools im Überblick (23.03.2020)
[https://www.heise.de/tipps-tricks/Videokonferenz-Tools-im-Ueberblick-4688243.html].

Narr, Kristin: Digitale Werkzeuge. Der DIE-Wissensbaustein in der Praxis, Bonn 2016
[https://www.die-bonn.de/wb/2016-digitale-werkzeuge-01.pdf].

Neubert, Anja: „Freie Bildungsmaterialien (OER) für historisches Lernen", in: Praxishandbuch Historisches Lernen und Medienbildung im digitalen Zeitalter, hg. von Daniel Bernsen/ Ulf Kerber, Bonn 2017, S. 206 – 216.

Nimmerfroh, Maria-Christina: Methoden für Flipped-Classroom, in: wb-web. Kompetenz für Erwachsenenbildner, o. J. [https://www.die-bonn.de/wb/2016-flipped-classroom-01.pdf]

Nuissl, Ekkehard/ Siebert, Horst: Lehren an der VHS. Ein Leitfaden für Kursleitende, Bielefeld 2013.

Röck, Anja: Webinar Methoden Koffer. 50 interaktive Methoden für virtuelle 2D & 3D Räume, Norderstedt 2019.

Sattler, Christian: „Ein Crashkurs für den digitalen Wandel in den Volkshochschulen", in: dis.kurs 2 (2020), S. 26 – 27 [https://www.volkshochschule.de/medien/downloads/diskurs/diskurs-pdf-archiv/2020-02-diskurs-juni-Dossier-Corona.pdf].

Schulze, Kay: Moderationstipps für Videokonferenzen, 2020 [http://www.der-paritaetische.de/schwerpunkt/digitalisierung/webzeugkoffer/faq/moderationstipps-fuer-videokonferenzen/].

Schmitt-Ackermann, Sylvia (Bearb.): Duden. Reden gut und richtig halten! Ratgeber für Wirkungsvolles und modernes Reden, 3. Auflage, Mannheim u. a. (2004).

Stagge, Antonia: Digitale Toolbox, TU Dresden, 2019 [https://tu-dresden.de/karriere/weiterbildung/ressourcen/dateien/schreibzentrum/infothek/Digitale_Toolbox_01_07_19.pdf?lang=de].

Schmidt, Julia/ Kühnert, Theresa: Neun Tipps und Erkenntnisse für den digitalen Unterricht (04.06.2020) [https://www.bpb.de/lernen/digitale-bildung/werkstatt/311070/neun-tipps-und-erkenntnisse-fuer-den-digitalen-unterricht].

Stiftung Warentest: Die besten Tools für Video-Telefonie (13.05.2020) [https://www.test.de/Videochat-Programme-im-Test-Die-besten-Tools-fuer-Video-Telefonie-5605104-0/].

Weidenmann, Bernd: 100 Tipps und Tricks für Pinnwand und Flipchart, 5. Auflage, Weinheim/ Basel 2015.

Weidenmann, Bernd: Erfolgreiche Kurse und Seminare. Professionelles Lernen mit Erwachsenen, 8. Auflage, Weinheim/ Basel 2011.

Wikimedia Commons [https://commons.wikimedia.org/wiki/Hauptseite].

Wößmann, Ludger u. a.: „Bildung in der Coronakrise: Wie haben die Schulkinder die Zeit der Schulschließungen verbracht, und welche Bildungsmaßnahmen befürworten die Deutschen?", in: ifo-Schnelldienst 9 (2020), S. 3 – 17 [https://www.ifo.de/publikationen/2020/auf-satz-zeitschrift/bildung-der-coronakrise-wie-haben-die-schulkinder-die-zeit].

Zanker, Claudia: „Per Deutschkurs in die digitale Zukunft", in: dis.kurs 2 (2020), S. 28 – 29 [https://www.volkshochschule.de/medien/downloads/diskurs/diskurs-pdf-archiv/2020-02-diskurs-juni-Dossier-Corona.pdf].